快乐阅读系列·社会卷

我是 世间的一粒尘埃

◎总 主 编：向启新
◎本书主编：张大清

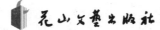

花山文艺出版社

图书在版编目(CIP)数据

我是世间的一粒尘埃：社会卷 / 张大清主编. – 石家庄：花山文艺出版社，2004. 12(2021.5 重印)

（"读·品·悟"快乐阅读系列 / 向启新主编）

ISBN 978-7-80673-548-0

Ⅰ.①我... Ⅱ.①张... Ⅲ.①语文课—课外读物
Ⅳ.①G634.303

中国版本图书馆 CIP 数据核字(2004)第 111963 号

丛 书 名：快乐阅读系列
总 主 编：向启新
书　　名：**我是世间的一粒尘埃(社会卷)**
主　　编：张大清

策　　划：张采鑫
责任编辑：于怀新
特约编辑：李文生
责任校对：李　鸥
全案设计：北京九洲鼎图书有限公司
出版发行：花山文艺出版社(邮政编码：050061)
　　　　　(河北省石家庄市友谊北大街330号)
销售热线：0311-88643221
传　　真：0311-88643234
印　　刷：永清县晔盛亚胶印有限公司
经　　销：新华书店
开　　本：710×1000　1/16
印　　张：10
字　　数：180千字
版　　次：2004年12月第1版
　　　　　2021年5月第4次印刷
书　　号：ISBN 978-7-80673-548-0
定　　价：36.00元

社会卷

学海点悟

会上的一些不良现象，实在令人堪忧。比如说吃吧，虽然「民以食为天」，然而如今一些人为了满足一己的口腹之欲，论笔……南方某省一年光蛇就能吃掉成百上千吨……未尝一年习荚吗

刻都能让你有一种平凡的感动。

当人类社会进入二十一世纪的今天，我相信，人间处处都是充满生机的春天，如今

然而，有不少有识之士已发出了正义的呼声。他们呼吁人应与自然和谐相处，经济、教育、文学各方面共同努力，用一种新方法造就一种新观

他们怎样的思考呢？是否有种像吃了一枚「苦涩的青橄榄」的感觉呢？是谁给他如此权力、如此种种现象会带来

因为地球本来就没有角落，一份关爱、体贴、理解和谦让，让温暖的阳光洒满世界的每一个角落。

牲，为团体谋幸福，维护正义的精神完全疏忽了。所以，我们必须改革，应当从政

权在握，却忘却了……常常获取利益，把人

当场一死四伤。也许你们要问：是谁给他们如此种种……再如昆明某派出所警察房建云为替妻子解气，在闹市掏枪向无辜

马十几万只「疯了吃」。再如熊掌、驼峰、猴脑、穿山甲、猫头鹰……据报道称，某村一年网捕

社会上的一些不良现象，实在令人堪忧。比如说吃吧，虽然「民以食为天」，然而

我们周围的这些不良现象，实在令人堪忧。比如说吃吧，虽然「民以食为天」，然而

相信你一定能从「沙漠」走向「绿洲」。

只能使人利欲熏心，失去自我。而精神的追求却能使人达到理想的境界。而人类的

发展史告诉我们，文化发展、精神追求是指引人前进的惟一动力。请不要停下你的脚

少不了。"指路碑"来指点迷津。在物欲横流的当今社会，是「入乡随俗」地随波逐流，

是意志坚定地追求自我、完善自我，对物欲的追求最终只能使人陷入绝境，长此以

人生旅途，总有「停不下的脚步」。日月星辰运转，小溪流入江河，不用向谁问路，

万物之灵的人类在运转、流动中，却要问路。不论凡人或是伟人，想要不迷失方向，

社会，参与社会的呢？翻开这本书，去品味，去鉴赏，去思索，或许能给你一些启迪。

中的人，包括我们的亲人、朋友以及名人等，他们曾经或现在是怎样立足社会，理

　　人是社会活动的主体，社会离不开人的活动。但是人离开了社会也难以生存。现实生活中的人，包括我们的亲人、朋友以及名人等，他们曾经或现在是怎样立足社会，理解社会，参与社会的呢？翻开这本书，去品味，去鉴赏，去思索，或许能给你一些启迪。

　　人生旅途，总有"停不下的脚步"。日月星辰运转，小溪流入江河，不用向谁问路，而万物之灵的人类在运转、流动中，却要问路。不论凡人或是伟人，想要不迷失方向，都少不了"指路碑"来指点迷津。在物欲横流的当今社会，是"入乡随俗"地随波逐流，还是意志坚定地追求自我、完善自我？对物欲的追求最终只能使人陷入绝境，长此以往，只能使人利欲熏心，失去自我。而精神的追求却能使人达到理想的境界。人类的发展史告诉我们，文化发展、精神追求是指引人前进的惟一动力。请不要停下你的脚步，相信你一定能从"沙漠"走向"绿洲"。

　　我们周围的世界是五彩缤纷的，社会也是纷繁复杂的，有诚实也有虚伪，有公正也有自私，有善良也有罪恶。那么如何识别真伪呢？那就需要"借你一双慧眼"。国际上流行一句对中国人很不好的批评："中国人极自私。"作为新时代

的中学生,你一定会因这句话而愤怒,会感到莫大的侮辱和伤害。然而,这毕竟是存在的事实。在当今社会上自私的现象的确处处可见,是大多数中国人的一种通病,现今一些当权者,虽大权在握,却忘却了自己的义务。常常为攫取利益,把人与人之间应有的那种谦让,牺牲,为团体谋幸福,维护正义的精神完全疏忽了。所以,我们必须改革,应当从政治、经济、教育、文学各方面共同努力,用一种新方法造就一种新国民所必需的新观念。

社会上的一些不良现象,实在令人堪忧。比如说吃吧,虽然"民以食为天",然而如今的餐桌上却有了熊掌、驼峰、猴脑、穿山甲、猫头鹰……据报道称,某村一年网捕候鸟十几万只,风干了吃。南方某省一年光蛇就能吃掉成百上千吨。也许你要问:现在的人都怎么啦?再如昆明某派出所警察房建云为替妻子解气,在闹市掏枪向无辜市民射击,当场一死四伤。也许你们要问:是谁给他如此权力?如此种种现象会带给你们怎样的思考呢?是否有种像吃了一枚"苦涩的青橄榄"的感觉呢?

然而,不少有识之士已发出了正义的呼声。他们呼吁人应与自然和谐相处;人与人之间应多一份关爱、体贴、理解和谦让;让温暖的阳光洒满世界的每一个角落,因为地球本来就没有角落。

当人类社会进入 21 世纪的今天,我相信,人间处处都是充满生机的春天,每时每刻都能让你有一种平凡的感动。

目 录

一、生活圆舞曲

作文链接

二、慧眼识真金

作文链接

三、咀嚼青橄榄

作文链接

四、感动

作文链接

五、法治·正义·生命

作文链接

生活圆舞曲

社 会 卷

结束，意味着新的开始

保护好你内心的梦想

美好的日子

[美]惠特曼

不单是来自成功的爱情，

也不是来自财富、中年的显赫、政坛或战场上的胜利，

然而当生命衰老时，当一切骚乱的感情已经平静，

当绚丽、朦胧、宁静的彩霞笼罩傍晚的天空，

当身体洋溢着轻柔、丰满和安宁，犹如更清新更温馨的空气，

当白天呈现更柔和的光线，

完美无比的苹果终于熟透并懒洋洋地挂满了枝头，

那才是最充满宁静和愉快的日子，

才是沉思、幸福、美好的日子。

儿子的旋律／···徐 平

　　儿子下班了,父亲紧张地数着儿子的脚步声。果然儿子"啪"地开了门。父亲默默地看着他。儿子没有看父亲,似乎点了个头,往自己卧室边走边脱外套。

　　收录机又响了。儿子!

　　两人面对面准备吃饭。儿子在撬午餐肉,父亲从儿子脸上看不出什么异常。

　　父亲一字一句:

　　"我被免职了。明天宣布。"

　　儿子猛地扬起脸。父亲没有在这稍纵即逝的惊讶里看到别的什么。没有怜悯没有安慰也没有懊恼。儿子手不停:"你也需要休息了。"

　　父亲感到胸闷气短。他盯着儿子。儿子的手健美粗大,血管里青春在跃动。

　　儿子一声不吭。父亲没有说话也不再盯着儿子。他感到儿子匆匆搁筷,找衣服,又跨进卫生间。马上,水声"哗啦哗啦",跟着儿子的歌声高高扬起。声音温存自信,旋律跳荡。

　　儿子!儿子!儿子!

　　儿子你在想什么,你大了不再崇拜父亲,你越来越沉默,你不再抱怨父亲呆板僵化,不再为各种政治问题与父亲争论不休,也不再说父亲刚愎自用。儿子,你甚至看不起父亲。可父亲这样了你还是无动于衷吗?这就是这一代的冷漠理智?你匆匆吃饭洗澡是因为那个打字员在等你去看歌剧?可是儿子,我从来没有像现在这样需要你啊。我的官龄比你年龄还大一圈⋯⋯

　　电视在播相声。父亲茫然四顾时才发现儿子并未出门,而是坐在他身后看书。父亲不由纳闷:打字员前天就订了票,还兴冲冲问他是否同去。

　　父亲彻夜来回踱步,儿子也辗转反侧。父亲老了,他的一切都老了。曾和父亲这一辈很协调的背景已走向薄暮黄昏。这是变幻莫测的时代，不是仅仅需要热血赤诚的岁月。

早上儿子起得很早，父亲晨练回来，儿子已准备好早餐。收录机照样开着，而且旋律明亮欢跃。

父子俩依然沉默着洗漱用餐。儿子几次似乎要开口，父亲沉下心微颤地期待着，儿子却什么也没说。

父亲佝偻着进卧室更衣。儿子不知什么时候站在身后捧着一套西装。

"穿这精神。——是去开宣布会吗？"儿子又拿过领带走到父亲跟前。父亲迟疑着。

"我给你打。"儿子看着父亲。温柔的手像父亲过世的妻子，父亲心紧成一团。

"行吗？"父亲侧侧身。

父亲和儿子一起看着穿衣镜。沉默着，父亲凝视儿子的眼睛，儿子也凝视着父亲。儿子对着镜子：

"一夜之间你衰老许多，"儿子声音低沉、温柔，"可我一直为你感到骄傲，为你一辈子正直无私，一辈子对信仰的忠诚。你尽力了。"

父亲心潮翻涌。肩头上儿子的手十分有力。他感到心中自信像空气注入瘪气球一样迅速饱满地回归。

最后接送父亲的小汽车在鸣笛呼唤，父亲走到门口又折回头："昨晚干吗不去找她？"

儿子沉默了一会儿，"分手了。"

"因为……我下台？"

"大概——但这没关系。"

儿子！儿子！儿子！

父亲老泪闪烁。儿子把双手搭在父亲肩上，笑道："结束，意味着新的开始。我很高兴不再有你的耀目光环笼罩我的光彩——你说呢？"

儿子！儿子！你可以把收录机再开大点儿。

与你共品
yu ni gong pin

这是一篇小小说。作者通过父子两人面对生活挫折所表现出来的精神面貌和不同的人生态度,说明了人应该坦然面对人生,正确选择新的生活方式的人生哲理。小说富有时代气息,又充满了浓浓的亲情。

个性独悟
ge xing du wu

★细读第十二节:

(1)"曾和父亲这一辈很协调的背景已走向薄暮黄昏",这里的"背景"是什么意思?

(2) 父亲那一辈创造辉煌的时代和变幻莫测的新时代比起来,不同之处在于:父亲那一辈所拥有的岁月"_____"(用原文词语回答)

★第二十六节里,儿子说的"结束,意味着新的开始"这句话一语双关,你认为包含哪两种意思?(提示:这句话既是对自己说的,也是对父亲的。)

★小说中父子两人面对着生活挫折所表现出来的精神面貌和人生态度一样吗?最终谁影响了谁?

快乐阅读
kuai le yue du

一封寄给上帝的信 ··· [墨] 格雷戈里奥·洛佩兹

在谷地的一座小山包上,住着一户人家。

站在山顶上,能望见山脚下的小河,望见畜栏边上那块玉米地。玉米在扬花结苞,地里间种的豌豆也花开正茂——这可是庄稼人朝思夕盼的丰收前景啊!

这个时候,地里最需要的莫过于水了,下一场大雨该多好呀,不然,下阵小雨也能给庄稼解解渴。莱恩科大叔心疼庄稼,这天他整个早上都搁下活不干,专门仔细地观察东北方向天空上云彩的变化。

"老婆子,我看这场雨可真的下定了。"

老婆子在忙着做饭,附和着说:

"是要下雨了。真是上帝赐的福。"

不出莱恩科大叔所料,当一家人正在吃饭的时候,天上的乌云像一座座巨大的山峰,滚动翻腾,从东北方向迅速涌来,越来越近。雨,大滴大滴地下起来了。空气也变得湿润凉爽了。

"老天爷给咱们下的不是雨,是一块块新钱币呀,大的 10 分,小的 5 分咧……"

莱恩科大叔心花怒放。他出神地凝望着笼罩在雨幕中的秆粗苞肥的玉米和万千朵豌豆花,脸上显出了惬意的神情……

突然,狂风骤起,大块大块的冰雹夹杂着雨点从天空中倾泻下来。晶莹光洁的冰雹纷纷落了,这倒真的像天降钱币了。孩子们一窝蜂从屋里跑出去,冒着雨捡拾那些晶亮得像珍珠似的冰雹。

"哎呀,糟糕!"莱恩科大叔望着漫天冰雹,像挨了重重的一拳,立刻惊叫起来,"这冰雹不能再下了!"

然而,冰雹仍下个不停。它整整地下了一个小时,把屋顶、菜园、山坡、田地都盖满了。整个山谷一片白茫茫的,仿佛铺上了一层厚厚的白盐。树木被打成光秃秃的,一张叶子都不剩;地里的玉米全给糟蹋了,豌豆花七零八落。莱恩科大叔伤心透了。冰雹过去后,他站在他那块玉米地里,对着孩子们唉声叹气地说:

"如果遭的是蝗灾,也不至于落到这个地步……这冰雹打得庄稼一棵不留!今年,我们连一颗玉米、一颗豆子也收不到了……"

黑夜降临了,这是个多么令人忧伤的夜晚。

"累死累活,颗粒无收!"

"没有哪一个人能帮咱们的忙!"

"今年就等着挨饿了……"

在这间处于谷地深处的孤零零的屋子里,人们心中只剩下惟一的希望:上帝救救我。

"庄稼看来是没有指望了,不过,咱们也不必太难过。别忘了,上帝不会让咱们饿死的。"

"不饿死一个人——牧师们都是这样说的嘛!"

到了礼拜天，天刚刚亮他就起来祷告；他确信有保护神在冥冥中保佑他，于是，立刻拿起笔来写信，并准备亲自拿信到城里的邮局去投寄。

他写的不是什么别的信，而是一封寄给上帝的信。

"上帝，"他写道，"如果您不搭救，我们全家今年就要挨饿。我需要100比索买种子，买粮食，以便在地里重新播种，维持生活，因为雹灾……"

他在信封上只写了三个字：上帝收。他把信装进信封以后，便带着一种难以平静的心情进城去了。

邮局里有个雇员，他既当邮差，又兼打杂。他从邮箱里取出了那封寄给上帝的信，递给领班时，忍不住一个劲地哈哈大笑。上帝住在哪里，他当了这么多年邮差，却从未听说过上帝的地址啊！领班是个和蔼可亲的胖子，他看到这封信，也不禁笑起来。但是，他很快就收敛笑容，把信在自己的办公桌上顿了顿，神情严肃地说："多么坚定的信仰！"为了不使这信仰的奇迹幻灭，他心中升起了一个念头：以上帝的名义复信。然而，他把信拆开一看，才知道要回复这封信，不是费点纸张墨水、写几句好话就能把问题解决了的。不过，领班是个意志坚强、绝不食言的人，既说复信，就得复信。他请雇员们捐款，自己也拿出了部分薪金；此外，他有几个朋友也高高兴兴地掏出了钱。因为他告诉他们，这是一个表示"上帝之爱"的行动。

领班无法凑够100比索这样一笔巨款。他寄给莱恩科的钱只有其所需数目的一半多一点。他把钱装进信封，写上收信人的姓名和地址，并写了一封信。信上什么话也没有，只有一个签名：上帝。

又一个礼拜天到了。莱恩科大叔急着打听他的信件，早早就来到了邮局。把信交给他的还是那个雇员，领班则站在邮局门口的台阶上看着，心里甜滋滋的——谁个做了好事不感到愉快？

莱恩科大叔对上帝给他寄钱的事是深信不疑的，所以，当他看见信封里装有一沓钞票的时候，脸上一点儿惊异的表情也没有。等到数清了钞票的数目，他竟生气起来：难道连上帝也出差错，克扣他所需要的金钱吗？这是绝不可能的事！

莱恩科大叔猛然转身走到柜台前，要来纸张、笔墨，在那张公用写字台上把信纸一摊，又挥起笔来。他眉头紧锁，沉思默想，显然是在搜索枯肠，寻找字句，来表达他那愤激的感情。写完信，他到柜台前买了张邮票，用舌头舔上点口水，举起拳头往信封狠狠一捶，把邮票贴上了。

信一投进邮箱，领班就走过去把它取了出来。信是这样写的：

上帝：

　　我要的钱没有如数收到，只收到70比索。请再寄30比索，我急需使用。下次付款切勿邮寄，因为邮局这帮家伙都是盗贼，没有一个好东西。

莱恩科

与你共品
yu ni gong pin

　　这篇文章，是墨西哥作家格雷戈里奥·洛佩兹的作品。本文构思比较独特，作者紧紧围绕人物主人翁莱恩科在走投无路之下，乞求上帝帮助他这一中心内容，当莱恩科把信寄给上帝时，邮局的人们感到疑惑和新奇，当知道信的内容时，便决定帮助莱恩科，由此又引来莱恩科的不满和愤懑。这种独特的构思表现在两个方面：一是莱恩科对上帝执著的信任，从而表现出的不同寻常的举止；二是邮局里的人们充当上帝的使者，完成莱恩科的要求时又出现差错，从而表现出一个鲜明的主题。本文的故事情节简单富有情趣，事件普通却蕴涵深意。当莱恩科遭遇天灾之时，他无力、无奈之下异想天开的希望上帝帮助于他，这是一种正常的心理；然而在正常心理的支配下却做出不正常的事，竟给上帝寄信，上帝在哪里呀！当领班开怀大笑之时，引起他深刻的思考与同情，一个"多么坚定的信仰"。

　　本文的结构比较完整。由盼雨到雨成灾，由灾难到写信，由寄信到回信这样三部分构成。信是全文的线索。本文结尾很有特点，一是以回信结尾，突出戏剧性，二是给人无尽的深思与遐想。语言上又比较通俗，人物对话富有个性，人物心理描写真实感人，这是一篇值得多读回味的文章。

个性独悟
ge xing du wu

★作者笔下的"一座小山包上,住着一户人家","一座""一户"有什么用意?从哪些语句中看出是庄稼人朝思夕盼的丰收前景?

★文中为什么详尽写只凑了一拿多一点儿,凑足100比索不是更好吗?从构思与文章内容上来说明理由。

★当给莱恩科寄出信时,领班是什么心情?当莱恩科收到信之后又是什么心情?依你的看法会有一种什么样的结局呢?

快乐阅读
kuai le yue du

下 岗 / ··· 李耀东

厂里作了动员,一周后公布下岗人员名单。

公布名单这天,她跟往日一样,准时赶到厂里,跟往日不一样的,是心绪有些乱。

公告栏前,已挤满了人。

她的心一下提到嗓眼上,她急急地挤上前,两眼焦灼而又认真地在那些名单上扫描。她暗暗祈祷:千万不要有自己的名字出现!

一行、两行、三行……只剩最后两行了,还没她的名字!也许……老天保佑!她的心稍稍平静,猛然间两眼呆住了!

她的名字赫然排在最后!

一阵昏眩袭来,泪水浸湿了她的眼。

她木然推起车,走出厂门,却茫然不知该往何处去。

她在街边公园发了一上午愣,这以后的日子该怎么过呢?时近中午,她才心乱如麻地赶回家。

丈夫坐在沙发上悠闲地吐着烟圈:"你们厂大裁员,你没被下岗吧?"

"怎么会呢?"她一怔,随即轻松地笑道,"再怎么说,也还轮不上我呢。哦,你们那不也是……"

"嘿,我还算幸运,差点儿没……"丈夫说,"这下可好了,再不用担惊受怕……来,吃饭吧,我今天特意提早回家做饭……原来我还担心你……"

"这不,让你空担心一场。"她说。俩人边吃边聊,这顿饭似乎吃得挺开心。

下午,丈夫去上班,她也推着车出门。

出了门,漫无目的地走,不觉走到"跳蚤"市场,服装、小日用品、装饰品、小孩玩具,多得使人眼花,那些摆摊的人,有些面熟。她没心思细看,只是不停地转悠,天色近晚,方想起该回家了。

连着几天,她都这样过。

老这样下去,终究不是办法,她想。

她开始留心各种招聘广告。她也去过几家单位应聘,竞争的人太多,没聘上。

过了些日子,一条招聘保姆的信息引起了她的注意,各项要求她都挺合适,可是……干这种活儿,是不是太"那个"了些?

她还是决定去试试,到时真要不愿干,不干就是了。

她去了。获聘了。

这是个知识分子家庭,她的任务是每天负责打扫卫生,买菜做饭,报酬也还可观。

她老有种不自在的感觉,更怕让熟人知道,但却干得挺认真。

这天,主人家下水道堵塞,让她打电话请生活服务公司的人来疏通。

半小时后,服务公司派的人来了。

"是你?"她打开门的瞬间,不禁大吃一惊,来人是她的丈夫!

"你……"丈夫也大吃一惊。

"我……下了岗,所以……"她说。

"我也是。"丈夫说,说着就动手干活,很快,管道便疏通了。

"我一直觉得……"她说。

"嘿,彼此彼此。"丈夫笑起来,"不过,我们现在……不是挺好吗?"

"是啊。"她也笑了起来。

与你共品
yu ni gong pin

    "下岗"是一个炙手可热的话题。这篇小小说向我们提出:如何对待"下岗"?生活中有属于自己的坐标,那就是找一份合适自己的工作,兢兢业业地干下去。

    作者善于观察生活,使作品具有一种特殊的气质,在生活中找回失落,作者注意人物心理活动和特定环境的描写,而在语言描写上,娴熟而又频繁地使用省略号,小说的内涵自然而然地深化出来了。

个性独悟
ge xing du wu

    ★这篇小说的主要人物是谁?

    ★"她"和丈夫双双下岗,都没有明白地告诉对方。丈夫在谈话中曾有两次暗示,请把原句找出来,加上着重号。

    ★"下午,丈夫去上班,她也推着车出门",他们都在哪上班呢?作者精心安排了一个"知识分子家庭"的下水道被堵塞,这一_____的描写,赋予小说更深更新的内涵。

    ★"'是啊',她也笑了起来。""她"笑的原因是什么?

球星马嘴 / ···任 伦

我家最大的乐趣之一,就是听儿子谈论足球,他今年 13 岁,是一位有了点儿年头的小球迷。只要一有工夫,他就可以随便拈一位足球明星以及相应的事迹来侃一阵。他说老球王贝利这辈子踢进了一千多个球,贝利的名字响亮于世,但是贝利却不是他的真名,是他小时候打球时小伙伴们取的绰号,相当于我们国家的"王二娃"之类的小名。他还谈到当代球星马拉多纳等人的生平事迹。他告诉我说,在第十四届世界杯赛上,荷兰球星里杰卡尔德和德国球星沃勒尔在球场上发生摩擦,彼此怀恨,不共戴天,决定进行一场生死决斗,决斗的方式是——双方站在两米远的地方相互吐口水。

儿子谈得最多的是他们学校足球队的一位赫赫有名的球星——马嘴。这名字真叫我难过。儿子说是人家的球场美称,意思是牛头不对马嘴。这段时间开始进行本市少年杯足球赛,他们旗开得胜,连获几场胜利。一天,儿子回家说他们又进行了一场比赛,马嘴一连搞进了三个球。

"他太棒了,"我大为惊奇地说,"他打的哪个位置?"

"他是守门的。"儿子半天才回答。

看来马嘴是个蹩脚球星,竟然连失三个球。儿子说,那都怪马嘴的老爸,没有给儿子足够的零花钱,害得马嘴没钱买汽水喝。马嘴守门的时候老是想着喝汽水,所以才被对方踢进三个球。只要马嘴喝足了汽水,再加上几支娃娃脸冰淇淋,他守起门来可厉害啦。

几天之后又传来马嘴的坏消息,他开球门球的时候把方向搞反了,一脚把球开进自家网底,让对方球队不战而胜。我说这个马嘴不应该再当守门员,应该被开除出球队。儿子却替马嘴抱不平,他说马嘴之所以昏了头,全都是他老爸的责任,他老爸为了儿子考出好成绩,晚上逼儿子做作业到深夜,搞得儿子晕头转向,走路都像喝了半斤二锅头白酒,弄不清哪头是哪头。结果马嘴扑到一个球,感到像这样一件宝物得找个安全的地方寄放一下才行,所以他将球放进了球门里边,这下就闹出毛病了。儿子还大骂马嘴的老爸,纯粹是个土匪,法西斯暴徒,无情地摧残未来的球星、祖国的花朵——马嘴!

有一次儿子沮丧地说,马嘴打完下场球就不想再踢足球了。我问,是不是又是他老爸的缘故?儿子气愤地回答,当然是的!他老爸从来都不关心他打球,从来都不去看他踢球,甚至不知道他打的哪个位置,一回家只知道看儿子的作业本上是不是得了 100 分,其他的事一概不问,好像儿子是一架考试的机器,他太没良心了。

这天,儿子的学校跟另一所学校的足球队为了决定谁将进入少年杯决赛圈,在他们校园里进行了一场激烈的比赛。我因为要去了解一下儿子在学校的情况,到校去拜访他的老师,所以有幸看到了这场球赛的最后 10 分钟。双方球队打成二比一,儿子的学校球队暂时领先。所以对方的队员为了挽回败局,拼得很凶。我看见本校球队没有马嘴上场,看样子他被叫下去坐冷板凳了,只有我儿子在场上守门,对方一个队员带球连晃过几名防守队员,已面对空门,形成单刀赴会,起脚打门了,只见我儿子飞身扑上去,球扑住了,但他同时也挨了一脚,疼得在地上滚。眨眼工夫,他又爬起来,继续比赛。没过多久,他们用胜利的凯歌结束了这场比赛。没想到我儿子有这么勇敢。我想,如果遇上那个该死的马嘴,那个球就保不住了。

"你们队的马嘴为什么没上场?"我微笑着问儿子的同学。

"马嘴?"一位同学眨眨眼睛说,"你儿子的绰号就是马嘴,你一点儿都不知道吗?"

与你共品
yu ni gong pin

这篇小说很有特点,文章通过"我"的儿子把球星马嘴的故事娓娓道来,结尾正是文章高潮,让人意外。这也正是小小说的特点所在。在一场足球比赛中,球星马嘴竟然将扑住的足球当做宝贝似的放进自家球门,这到底是何故?初读本文后,你也许会笑,但掩卷沉思,或许你会觉得这个故事多少有点痛楚,这就是幽默的力量!

我是世间的一粒尘埃

个性独悟
ge xing du wu

★文章第一段写儿子对足球颇有了解,这在文章中有什么作用?
★你认为这篇小说的主题该怎么理解?
★举例说明这篇小说语言上最突出的特点是什么?

快乐阅读
kuai le yue du

鸽子的漫步 / ··· 冯亦代

　　想不到纽约街头,在行人的匆匆脚步间,不时会见到双双对对的鸽子在人行道上悠闲地觅食。它们并不因行人的杂沓而惊避,行人看见了鸽子,反而小心避道而行。这是些美丽的鸽子,银色的、灰色的、杂色的……间杂在男男女女色彩缤纷的长裤与丝袜之林中,色调和谐,真是好看。它们的小脑袋一颠一颠,踱着小步,东啄一口西啄一口,那种昂首自若、置身世外的超然姿态,令人生羡。

　　相形之下,纽约人走起路来,简直如冲锋那般迅速,几乎近于快跑。奇怪的是他们的脚跟,绝对不会踩到鸽子身上。人的步伐那么迅速,而鸽子的步伐那么缓慢,这种对比,好似一首乐曲,繁弦急管中夹杂了很慢的旋律,在不协调中有和谐,在和谐中又有不协调,这中间显出一种美来。我经常神往地注视着鸽子慢步与人们疾行的光景,而且似乎听到两者合拍的曲调。

　　纽约人的走路,不,应该说是美国人的走路,是以疾行为标准的,我想这大概与美国人珍惜时间有关。如果在早上上班时这样走法,我们会怀疑他们怕迟到,怕扣工资。但就在中午,明明有一小时的休息时间,他们也还是这样向前冲法,甚至一手拿着汉堡包或三明治,一手拿罐可口可乐,边吃边喝,急急向前行去。

纽约人的疾行,似乎已成了他们国民性的象征,这也许是一种工业社会的反映。因为我在北京街头走路的步伐,在中国人中间并不算太慢,但与美国人的行路相较,只能自愧不如。

曾经有个美国友人问我,有什么事情可以最快最准确地区别出中国人与美国人的不同来。我不假思索地说:"走路。"从北京经香港到纽约,我最强烈的感受,就是美国人的走路是冲的,香港人的走路是追的,而我们走路却是迟迟疑疑地在踱方步。这位美国朋友说我倒喜欢你们那种悠然自得、有条不紊的步伐,因为你不易掉队;而在美国,如果你不赶前一步,你就会永远落在后面,而落在后面的人是无法生存的。生活太紧张了,受不了。

我们的谈话已经超出"走路"的范围,而把"走路"和"进步"作为同义语了。<u>我心里有些隐痛,我们在文明的路上,走得太慢太慢了。别人已经走到超工业社会,而我们还在历史遗留给我们的浓重的阴影里踱着方步!</u>

鸽子是文明的象征。我梦想有一天我们在天安门广场疾行时,脚步间杂着悠然自得的鸽子群。当然北京也有鸽子,但只是在天空飞翔,如果有一天它们在地上漫步,我怀疑它们会不会遭遇到十年浩劫中天安门广场四周玫瑰花同样的命运。

与你共品
yu ni gong pin

　　本文通过捕捉同一事物的两极集于一处时,所造成的一种强烈的反差,揭示了深邃的思想内涵。文中共举出了三种反差,这三种反差既反映了东西方文明的差别,也揭示了我们自身存在的问题,表达了作者美好的希冀。文章从日常生活中的小事写起,表达的却是关于民族命运和前途的忧思,字里行间充溢着渴望历史进步的激情。在"休闲文学"日益走俏的今天,这样的作品是深受读者喜欢和值得提倡的。

个性独悟
ge xing du wu

★美国人走路的标准是什么?为什么要这样走路?

★文中画线的部分表达了作者怎样的思想感情?

★文章结尾给我们的启示是什么?

快乐阅读
kuai le yue du

竞选大王 / · · · 黄　凡

　　增额立法委员候选人林大奇先生,在他的第五十二次竞选作业中,其智囊团安排了一次别出心裁的行动,让他在龟山监狱的刑满囚犯中,作两个钟头的演说和访问。以下是林先生的演说词全文:

　　各位先生、各位女士、各个国家未来的好公民:

　　小弟是增额立法委员候选人三号林大奇。老朋友都叫我"阿奇"。假如诸位日后有什么困难,譬如说,警察又找你们麻烦哩,回乡缺乏盘缠,老板讨厌你身份证上的红字哩,你们只要到我那里,站在门口叫一声:"阿奇! 有种出来。"小弟立刻跑步出迎,恭候诸位差遣。

　　小弟今天来到贵地,感到非常荣幸(掌声),谢谢! 贵地人杰地灵、卧虎藏龙,小弟很早就想登门求教,可惜俗务缠身,一直没有机会(笑声)。

说老实话,小弟有一种感觉,和诸位一样,很讨厌这些死灰色的围墙和铁栏杆(突然的安静),要是小弟能够当选,保证一定建议政府改换成压克力透明墙和塑漆栏杆。这句话绝不是吹牛,坦白讲,诸位不信,下次犯了案再进来时,一定可以看到(哄堂大笑)。

小弟敢说这一次所有候选人当中,没有一个比我更了解诸位的。原因是:小弟小时候也喜欢赌赌小钱,顺手拿走同学的铅笔,有一次还偷看女生上厕所(听众大乐)。俗话说:"探求民隐"是为人父母官的责任。不过诸位看看,今天别的候选人有哪一个敢到监狱、妓女户这些真正需要了解的地方去探求民隐?你们说说看(口哨声)。有人说,王阿雄也来过。不错,他是来过,但是他是不是跟我一样和你们沟通了?当然没有;他从小就是个老师的乖孩子,妈妈的好宝宝,他知道下手做案前的紧张,和做了案之后的空虚吗?他不知道(掌声),谢谢!还有俗语又说:"知己知彼,百战百胜",小弟敢自夸,绝没有一个候选人有小弟这样清楚;贪污、贿赂、搞钱、欺诈,小弟当选以后,必定把这些家伙通通抓起来,送去管训(听众困惑)。对不起,小弟说错了,把这些人都抓起来,对诸位可没什么好处,就当它是个笑话好了。

刚刚说的,完全是在证明,小弟和诸位是一样的人,和诸位站在同一条线上。那么,小弟当选后,对诸位到底有什么好处?假如没有好处,诸位都去投王阿雄小宝宝的票算了(敲椅声)。好了,废话不说那么多了。现在诸位请安静下来。小弟当选以后,第一当然是改善诸位的环境,也许有人说,"明天我就要出狱了,对我有个屁用。"现在容小弟作一个统计,诸位当中有谁敢说他一定不会再回来的,请举手。(听众面面相觑。这当,角落里出现一只高举的手,大家立刻将视线投向那里。)

那边有一位,这位先生,你能不能向大家说明一下:为什么你有这样的信心?什么?原来你是个死刑犯,明天就要被枪决,那就怪不得了(笑声和口哨大作)。

好,除了我刚刚说过的玻璃围墙和塑漆栏杆外,你们想不想有座冷气、现代化的监狱(叫好声)?想不想有周末和家人团聚的时间(叫好声继续)?想不想有男女生在一起的工作机会 (有人尖叫)? 好极了, 这些都在小弟政见中的一条——监狱现代化——里,等下,诸位可以详细看一看。

还有小弟计划成立一个"反受刑人歧视协会",基督教义说,"我们都是罪人",既然大家都同样犯了罪,为什么要互相歧视(一个听众冲上台)?

谢谢这位热情的女士,给了小弟无比的信心,小弟就是因为有诸位这样大力的支持,才敢出马竞选,否则小弟凭什么跟那些大企业家、大教育家、大政治家,争这么一席?

争这么一席,诸位想想看,究竟要花多少钱啊?有一位说50万。差远了,告诉你们,至少要花个200万,上一次有个家伙还下了600万。至于小弟呢,说来惭愧,目前小弟东凑西凑,结果只弄了个40万,这显然不够,所以小弟这次来未能带来加菜金,实有不得已的苦衷,敬请原谅(叹气声)。不过,小弟当选以后,一定建议政府办好诸位的伙食(叹气声继续)。

事实上,小弟也并不是没有人支持,曾经有一个赌场老大,打算捐个20万,被小弟婉拒了(嘘声),因为小弟怎么忍心拿人家这种辛苦钱。小弟和诸位一样,具有"好汉做事一人当"的精神,以及"二十年后又是一条好汉"的勇气(掌声)。

所以,无论如何,小弟诚心诚意恳求诸位投下神圣的一票,投给三号候选人的林大奇,敢替你们说话的林大奇。

最后,谢谢诸位百忙中抽空来捧小弟的场。谢谢,非常谢谢。

与你共品
yu ni gong pin

本文文字上无任何阅读障碍,只是别忘了想想字外的含义,笑过之余当引起深思,难道代表着现代文明的民主就是这样一幅乌烟瘴气吗?这对社会的进步有利吗?"竞选"这两字的真正魅力是什么?

个性独悟
ge xing du wu

★这位候选人,作者将其命名为"林大奇",你有怎样的联想和猜测?

★到监狱的演讲,向这些"人杰精英"拉选票,作者安排这一情节的深义是什么?

★你认为竞选,真正民主的竞选应当具备怎样的条件?

快乐阅读
kuai le yue du

七个铜板 / ···   [匈牙利] 莫里兹

生活圆舞曲

穷人也可以笑,这本来是神明注定的。有时候,穷人想哭也常常用笑来代替的。

那时候我父亲在一家机器厂打零工,我母亲时常给人家做点儿针线活。我母亲是一个生性快活的人,最喜欢笑,我也就成了一个爱笑的孩子。

这一天,母亲想凑足七个铜板买半磅肥皂,可是她身边连一个小钱也没有了。怎么办,找找吧,也许在什么抽屉角落里还能找到。

果然,母亲的希望很快实现了一小半,高高兴兴地在缝衣机抽屉里找到了三个铜板。因为她总是把做针线活赚来的钱放在那里面的。

可是这还不够的,还得再找。

母亲把抽屉里的顶针、剪子、扣子、碎布条翻了个遍,然后又蹲在地板上把抽屉翻了个身,笑着说:"小铜板都躲起来啦! 这些淘气的小坏蛋! "

看她的样子,叫你不能不跟着她一起笑。

母亲开始用小心翼翼的姿态寻找着,都不许我随便碰一下抽屉,仿佛躲着的铜板是活的,不小心就会惹它生气,滴溜溜地逃跑。

"哦,妈妈,我记起来了,好像玻璃橱抽屉里还有一个铜板。"

"坏小子,你为什么不早说! "母亲假装生气地骂着我,骂完便咯咯地笑。她很快拿到了那个铜板,正是我一直想偷偷拿去买糖吃的那个铜板。

接下去,母亲又在父亲的衣服口袋里找到了一个铜板,然后,她拍着脑袋想了想,又从她自己的衣服口袋里找到一个铜板。她高兴得坐在地板上放声大笑,因为过度兴奋,两颊泛起了两朵红晕。

然而,我们还只有六个铜板,还买不成肥皂。开店的不让欠账,邻居家都是穷人,能向谁去借呢?

我们正从心坎上笑着我们的不幸,偏偏进来了一个年老的叫花子。这一下,母亲笑得几乎昏过去了。

"算了,"她对叫花子说,"我们在这儿糟蹋了整整一个下午,因为我们还找不到第七个铜板,少了它买不成半磅肥皂。"

"一个铜板?"脸色温和的老叫花子问。

"是的。"

"我可以给你一个。"老头子说。

母亲不想接受叫花子的布施,但叫花子却把一个铜板放在我的手上,高高兴兴地走了。

母亲呆了一会儿,猛地发出了一阵狂笑。

她笑得透不过气来,弯着腰把脸埋在手掌里。我去扶她,突然感到手上沾到热乎乎的东西。

我一看,那原来是我母亲笑出嘴里的血啊!

与你共品
yu ni gong pin

莫里兹·日格蒙德(1879~1942)是匈牙利作家,曾在第一次世界大战期间当过战地记者。他的作品大都表现了劳动者的悲惨生活和统治阶级的荒淫无耻,主要作品有长篇小说《幸福的人》、《亲戚》等。

《七个铜板》是以儿童生活为题材的短篇小说,发表于 1908 年。故事讲述的是"母亲想凑足七个铜板买半磅肥皂",翻箱倒柜,"整整一个下午"也只找到了六个,而第七个铜板却由一个老叫花来"布施"。母亲的笑贯穿全文,以"笑"开始,以"血"结束,以笑写哭,催人泪下。小说深刻反映了劳动者当年极度贫困的生活状况,表现了作者对劳动人民的无限同情。这篇小说颇像是《卖火柴的小姑娘》的姊妹篇。

个性独悟
ge xing du wu

★文中多处描写母亲的笑，试揣摩母亲当时的心情。
★"有时候，穷人想哭也常常用笑来代替的。"这是为什么？

快乐阅读
kuai le yue du

开业大吉 / ···老舍

　　我，老王，老邱，凑了点儿钱，开了个小医院，老王的夫人做护士主任，老邱的岳父是统管杂务兼会计，老邱专门割痔疮，我治内科，老王负责治花柳，王太太是护士主任兼产科，合着我们一共有四科。我们内科要想发财，就得敲花柳与痔疮，老王和老邱是我们的希望。我和王太太不过是配搭，她就根本不是大夫，对于生产的经验她有一些，因为她自己生过两个小孩。至于接生的手术，反正我有太太绝不叫她接生。可是我们得设产科，产科是最有利的。顺顺当当地产下来，至少也得住十天半月；稀粥烂饭地对付着，住一天拿一天的钱。

　　我们开了张。"大众医院"四个字在大小报纸已登了一个半月。名字起得好——办什么赚钱的事儿，在这个年月，就是别忘了"大众"。不赚大众的钱，赚谁的？把大众招来以后，再慢慢收拾他们。专就广告上看，谁也不知道我们的医院有多大。院图是三层大楼，那是借用近邻转运公司的相片，我们一共只有六间平房。

　　我们开张了，人来的不少，还真是"大众"，我挑着那稍微像点儿样子的都给了点各色的苏打水,不管害的是什么病。

忙了一天,晚上我们开了紧急会议,专医大众不行啊,有大众而没贵族,由哪儿发财去?老邱把刀子沾了多少回消毒水,一个割痔疮的也没来!长痔疮的阔佬谁能上"大众医院"来割?

老王出了主意:明天包一辆能驶的汽车,我们轮流跑几趟,把二姥姥接来也好,把三舅母装来也行。一到门口看护赶紧往里搀,接上这么三四十趟,四邻的人们当然得佩服我们。

我们都很佩服老王。

"再赁几辆不能驶的。"老王接着说。

"干吗?"我问。

"和汽车行商量借几辆正在修理的车,在医院门口放一天,一会儿叫咕嘟一阵。上咱们这儿看病的人老听外面咕嘟咕嘟的响,不知道咱们又来了多少坐汽车的。外面的人吧,老看着咱们的门口有一队汽车,还不唬住?"

我们照计而行,第二天把亲戚们接了来,给他们碗茶喝,又给送走。两个女看护是见一个搀一个,出来进去,一天没住脚。那几辆不能活动而能咕嘟的车一天亮就运来了,5分钟一阵,轮流地咕嘟,刚一出太阳就围上一群小孩。我们给汽车队照了个像,托人给登晚报。当天晚上我们都没能吃饭,车咕嘟得太厉害了,大家都有点头晕。

不能不佩服老王,第三天刚一开门,汽车载进来位军官。老王急于出去迎接,忘了屋门是那么矮,头上碰了个大包。治花柳的老王顾不得头上的包了,脸笑得一朵玫瑰似的,似乎再碰它七八个包也没多大关系。三言五语,卖了一针六〇六。我们的两位女看护给军官解开制服,然后四只白手扶着他的胳臂,王太太过来先用小胖食指在针穴轻轻点了两下,然后老王才给用针。军官不知道东西南北了,看着看护一个劲儿说:"得劲!得劲!得劲!"我在旁边说了话,再给他一针。老邱也是福至心灵,早预备好了——香片茶加了点儿盐。老王叫看护扶着军官的胳臂,王太太又过来用小胖食指点了点,一针香片下去了。军官还说得劲,老王顺势又给了他一针龙井。我们的医院里吃茶是讲究的,老是香片龙井两着沏。两针茶,一针六〇六,我们收了他25块钱。我们告诉他还得接着来,有10次管保除根。反正我们有的是茶,我心里说。

把钱交了,军官还舍不得走,老王和我开始跟他瞎扯,我就夸奖他不瞒着病——有花柳赶快到我们这里来治,准保没危险。花柳是伟人病,正大光明,几针六〇六,完了,什么事也没有。军官非常赞同我的话,告诉我他已上过二十多次医院,不过哪一回也没有这一回舒服。

老王接着说,花柳根本就不算病,自要勤扎点儿六〇六,军官非常赞同老王的话,并且有事实为证——他老是不等完全好了便又接着去逛,反正再扎几针就是了。老王非常赞同军官的话,并且愿拉个主顾,军官要是长期扎针的话,他愿减收一半药费:5块钱一针。包月也行,一月100块钱,不论扎多少针。军官非常赞同这个主意。

军官汽车刚开走,迎头又来了一辆,四个丫环搀下一位老太太来。一下车,五张嘴一齐问:有特别房没有? 我推开一个丫环,轻轻地托住老太太的手腕,搀到小院中。我指着转运公司的楼房说,"那边的特别室都住满了。您还算凑巧,这里还有两间头等房,您暂时将就一下吧。其实这两间比楼上还舒服,省得楼上楼下的跑,是不是,老太太?"

老太太的第一句话就叫我心中开了一朵花,"唉,这还像个大夫——病人不为舒服,上医院来干吗? 东生医院那群大夫,简直不是人!"

"老太太,您上过东生医院?"我非常惊异地问。

"刚由那里来,那群王八羔子!"

乘着她骂东生医院——凭良心说,这是我们这里最大最好的医院——我把她搀到小屋里,我知道,我要是不引着她骂东生医院,她绝不会住这间小屋。

"您在那儿住了几天?"我问。

"两天,两天就差点儿要了我的命!"老太太坐在小床上。

我直用腿顶着床沿,我们的病床都好,就是上了点儿年纪,爱倒。"怎么上那儿去呢?"我的嘴不敢闲着,不然,老太太一定会注意到我的腿的。

"别提了! 一提就气我个倒仰。我害的是胃病,他们不给我东西吃!"老太太的泪直要落下来。

我的眼都瞪圆了:"有胃病不给东西吃? 就凭您这个年纪? 老太太您有80岁了吧?"

老太太的泪立刻收回去许多:"还小呢,刚58岁。"

"和我母亲同岁,她也是有时候害胃口疼!"我抹了抹眼睛,"老太太,您就在这儿住吧。这个病全仗着好保养,想吃什么就吃。吃下去,心里一舒服,病就减去几分,是不是,老太太?"

老太太的泪又回来了,这回是因为感激我。"大夫,你看,我专爱吃点儿硬的,他们偏叫我喝粥,这不是故意气我吗?"

"您的牙口好,正应当吃口硬的呀!"我郑重地说。

"我是一会儿一饿,他们非到时候不准我吃!"

"糊涂东西们!"

"半夜里我刚睡好,他们把小玻璃棍放在我嘴里,试什么度。"

"不知好歹!"

我和老太太越说越投缘,爽性我也不再用腿顶着床了,即使床倒了,她也能原谅。

"你们这里也有看护呀?"老太太问。

"有,可是没关系,"我笑着说,"您不是带来四个丫环吗?叫她们也都住院就结了。您自己的人当然伺候得周到;我干脆不叫看护们过来,好不好?"

"那敢情好啦,有地方呀?"老太太好像有点儿过意不去了。

"有地方,您干脆包了这个小院吧。四个丫环之外,不妨再叫个厨子来,您爱吃什么吃什么。我只算您一个人的钱,丫环厨子都白住,就算您50块钱一天。"

老太太叹了口气:"钱多少的没有关系,就这么办吧。春香,你回家去把厨子叫来,告诉他就手儿带两只鸭子来。"

我后悔了:怎么才要50块钱呢?真想抽自己一顿嘴巴!幸而我没说药费在内,好吧,在药费上找齐儿就是了。看这个来派,老太太至少有一个儿子当过师长。况且,她要是天天吃火烧夹烤鸭,大概不会三五天就出院,事情也得往长里看。

医院很有个样子了:四个丫环穿梭似的跑出跑入,厨师傅在院中墙根砌起一座炉灶,好像是要办喜事似的,我们也不客气,老太太的果子随便拿起就尝,全鸭子也吃它几块。始终就没人想起给看病,因为注意力全用在看她买来什么好吃食。

老王和我总算开了张,老邱可有点儿挂不住了。他手里老拿着刀子。我都直躲他,恐怕他拿我试试手。老王直劝他不要着急,可是他太好胜,非也给医院弄个几十块不甘心。

吃过午饭,来了!割痔疮的!40多岁,胖胖的,肚子很大。王太太以为他是来生小孩,后来看清他是男性,才把他让给老邱。老邱的眼睛都红了。三言五语,老邱的刀子便下去了。40多岁的小胖子疼得直叫唤,央告老邱用点儿麻药。老邱可有了话:

"咱们没讲好用麻药哇!用也行,外加10块钱。用不用?快着!"

小胖子连头也没敢摇。老邱给他上了麻药。又是一刀,又停住了:"我说,刚才咱们可没讲好割管子,还往下割不割?往下割的话,外加30块钱。不的话,这就算了。"

我在一旁,暗伸大拇指,真有老邱的,拿住了往下敲,是个办法!

小胖子没有驳回,我算计着人也不能驳回。老邱的手术漂亮,话也说得脆,一边割管子一边宣传:"我告诉你,这点事儿值得你200块钱;不过,我们不敲人,治好了只求你给传传名。赶明天你有工夫的时候,不妨来看看。我这些家伙用四万五千倍的显微镜照,照不出半点儿微生物!"

胖子一声也没出,也许是气糊涂了。

老邱又弄了50块。当天晚上我们打了点儿酒,托老太太的厨子给做了几样菜。菜的材料多一半是利用老太太的。一边吃一边讨论我们的事业,我们决定添设打胎和戒烟。老王主张暗中宣传检查身体,凡是要考学校或保寿险的,哪怕已经做下寿衣,预备下棺材,我们也把体格表填写得好好的,只要交5元的检查费就行。这一案也没费事就通过了。老邱的老丈人最后建议,我们匀出几块钱,自己挂块匾。老人出老办法,可是总算有心爱护我们的医院,我们也就没反对。老丈人已把匾文拟好——仁心仁术。陈腐一点儿,不过也还恰当。我们一致决定,第二天早晨由老丈人上早市去找块旧匾。王太太说,把匾油饰好,等门口有过娶媳妇的,借着人家的乐队吹打的时候,我们就挂匾。到底妇女的心细,老王显着特别骄傲。

与你共品

老舍的这篇辛辣之文写于好几十年之前,我们今天读来却有何其熟悉的感觉。只要能捞钱,坑蒙拐骗用什么不可呢?看看我们当今现实中的商业欺诈,与老舍笔下相比,只是有过之而无不及。我们在痛恨他们的"开业大吉"之余,还有一丝的庆幸,他们宰的是胡作非为的军官、愚昧无知的阔老太太,似乎还有一丝的"侠"骗的味道。而如今的欺诈者却专是以那些贫困、善良的人群作为下手的对象,其手段是更卑劣、其用心是更狠毒。

个性独悟
ge xing du wu

　　★医院开张前，就露出了端倪，大众医院，一点儿不"大众"体现在什么地方？

　　★老邱割痔疮，简直让人想起《竞选州长》中十个不同肤色的孩子上台叫"我"爸爸一细节，为什么呢？

　　★文章简直是幽默到了极致，不露一言一词，却让人捧服不止，试举一处分析。

快乐阅读
kuai le yue du

说　话 / ···王　力

　　说话是最容易的事，也是最难的事。最容易，因为3岁孩子也会说话；最难，因为擅长辞令的外交家也有说错话的时候。

　　会说话的人不止一种：言之有物，实为心声，一謦一欬，俱带感情，这是第一种；长江大河，源远莫寻，牛溲马粪，悉成黄金，这是第二种；科学逻辑，字字推敲，无懈可击，井井有条，这是第三种；嬉笑怒骂，旁若无人，庄谐杂出，四座皆春，这是第四种；默然端坐，以逸待劳，片言偶发，快如霜刀，这是第五种；期期艾艾，隐蕴词锋，似讷实辩，以守为攻，这是第六种。这些人的派别虽不相同，实有异曲同工之妙。普遍喜欢用"口若悬河"四个字来形容会说话的人，其实这是很不恰当的形容词。泼妇骂街往往口若悬河，走江湖卖膏药的人，更能口若悬河，然而我们并不承认他们会说话，因为他们把这"会"字的标准定得和一般人所定的不同的缘故。

　　应酬的话另有一套，有人专门擅长此术。捧人捧得有分寸，骂人骂得很含蓄，自夸夸得很像自谦，这些技巧都是可以意会，而不可以言传的。尽管有人讨厌"油嘴"的人,但是实际上有几个人能不上油嘴的当?和油嘴相反的是说话不知进退,不识眉眼高低。想要自抬身价,不知不觉地把别人的身份压低;想要恭维别人,不知不觉地使用了些得罪人的语句。这种人的毛病在于冒充会说话,终于吃了说话的亏。我有一次听见某先生恭维一位新娘子说:"人家都说新娘子长得难看,我觉得并不难看。"这种人应该研究十年心理学,再来开口恭维人!

有些人太不爱说话了,大约因为怕说错了话,有时候又因为专拣有用的话来说。其实这种人虽是慎言,也未必得计。越不说话,就越不会说,于是在寥寥几句话当中,错误的地方未必比别人高谈阔论里的错误少些。至于专拣有用的话来说,这也是错误的见解。会说话的人,其妙处正在于化无用为有用,利用一些闲话去达到他的企图。会着棋的人没有闲着,会说话的人也没有闲话。

有些人却又太爱说话了,非但自己要多说,而且不许别人多说。这样,就变成了抢说。喜欢抢说的人常常叫人家让他说完,其实看他那滔滔不绝的样子,若等他说完真是待河之清!这种人似乎把说话看做一种很大的权利,硬要垄断一切,不肯让人家利益均沾。偶然遇着对话的人也喜欢抢说,就弄成了僵局。结果是谁也不让谁,大家都只管说,不肯听,于是说话的意义完全丧失了。

打岔和兜圈子都是说话的艺术。打岔往往是变相的不理或拒绝。"王顾左右而言他",梁惠王就这样地给孟子碰过一回钉子。兜圈子往往是使言语变为委婉,但有时候也可以兜圈子骂人。兜圈子骂人就是"挖苦"人;说挖苦话的人自以为绝顶聪明,事后还喜欢和别人说起,表示自己的说话艺术。但是,喜欢"挖苦"的人毕竟近于小人,因为既不大方,又不痛快。

说话的另一艺术是捉把柄。人家说过了什么话,就跟着他那话来做自己的论据。这叫做"以子之矛,刺子之盾",往往能使对方闭口无言。不过,如果断章取义,或故意曲解,也就变为无聊了。

上面所说的打岔,兜圈子和捉把柄,相骂的时候都用得着。打岔是躲避,兜圈子是摆阵,捉把柄是还击。可惜的是:相骂的人大多数是怒气冲冲,不甘心打岔,不耐烦兜圈子,忘了捉把柄。由此看来,骂人决胜的条件是保持冷静的头脑。泼妇和人相骂往往得胜,并不一定因为她特别会说话,只因她把相骂当做一种娱乐,故能"好整以暇",不至于被怒气减低了她平日说话的技能。

说话比写文章容易,因为不必查字典,不必担心写白字;同时,说话又比写文章难,因为没有精细考虑和推敲的余暇。基于这后一个理由,像我这么一个极端不会说话的人,居然也写起一篇"说话"来了。

我是世间的一粒尘埃

与你共品
yu ni gong pin

　　王力先生不但是位大学者,也是独步现代文坛的幽默散文家。他的小品文的幽默更是多姿多彩,无处不在。"说话"为题的文章难做,文人墨客绝少提及,而王力以骈体对偶排比的简约语句,精辟地描绘了六种"会说话的人",然后宕开文思,侃"应酬的话",侃"太不爱说话",侃"说话的艺术",笔锋自由驰骋,对六种"会说话"者的特征高度概括,掷地有声,入木三分。通观《说话》全篇,可见幽默的灵魂是智慧,是一种潇洒的智慧。

个性独悟
ge xing du wu

　　★作者为什么说"人家都说新娘子长得难看,我觉得并不难看"的人应再研究十年心理学?
　　★"打岔子"、"兜圈子"都是说话的艺术,结合文章分析,讲究这两种艺术就值得赞赏吗? 为什么?
　　★作者在文章结尾说"像我这么一个极端不会说话的人,居然也写起一篇'说话'来了",可体现出作者的什么态度和风格?

作文链接
zuo wen lian jie

初三,我的另一种浪漫 / · · · 张慕子

　　很早以前就想写这样一份东西,记下不平常的初三生活,却不知这种浪漫

该如何书写。如今中考的硝烟慢慢散去，我终于可以平静下来，回忆当时的心情。窗外的喜鹊在喳喳地闹着，抬头眼望，万木葱茏，一片绿意。白纱帘随风飘动……眼前的景色让我突然有一种欲哭的冲动。

初二期末考试后没多久，开始补课。新老师，新书本，转来的新同学……我像一个落伍的老太婆，对突如其来的新鲜应接不暇。还没有机会去品评他们的衣着和谈吐，就已经被那滔滔不绝的"考前教育"压得喘不过气来。数学、语文、英语……一个个儿像串通好了一样：你一低头做练习，他就开始演讲。不外乎再拼一年再努力一把使出吃奶的劲儿来给父母省九千或一万块钱。我听得吃力，脑子也不听使唤，常常把诸如"sin30°=?"这样的题目做错。老师把我拎到办公室骂我没状态。

没状态?没错!暑假里我吃得饱睡得好，在老妈给我找的补习班里闹得地覆天翻。开了学，我发现身边朝夕相处两年的同学都有点儿不一样：课桌上出现了成摞成摞可以埋人的课外辅导书；每天的早餐由汽水加烧饼晋升为牛奶加面包；一下课不是上厕所就是往办公室跑……

我该怎么办?

初三的规矩是三个星期一大考，美其名曰锻炼心理承受能力，目的是为了让你在中考考场上不会紧张得尿裤子。一连三次大考，我可怜的数学仍不见起色，致使我的总分滑出了年级前十名——不得了! 几次三番看急上火腮帮子溃疡久治不愈——我开始进入了初中生活的最低潮，没有人发现我有什么变化。数学老师站在讲台上根本看不见我这只缩头乌龟。九科作业，我总是把数学放在迷迷瞪瞪快要熄灯时才开始做。在别人都斗志昂扬向着理想的目标奋进时，我却畏缩不前了。

父亲回来了。带着阿拉伯国家特有的新奇小玩意儿和对我的满腔希望。在我的意识里，父亲是精神支柱，父亲回来了，我就有了继续战斗的勇气。

站直喽，别趴下! 在最后的几个月里，我总对自己说。

噩梦般的生活终于降临了。教室后黑板上的倒计时牌，办公室里的人头攒动，雪片般的练习卷、习题册，还有老师看每个人不一样的眼神，都让我感到无比的压抑。尽管眼泪在眼眶里打转，我还是忍着没让它掉下来。

既然选择如此的浪漫，我就要义无反顾，况且，已根本没有退路。

班里还活跃着这么一帮同学，每天捧着华丽的签名簿到处转悠，传播着各种流言蜚语，讲述着一个又一个的笑话段子，议论着此同学与彼同学的一个眼神代表什么意思。他们是开心果，我真纳闷儿他们为什么能天天开心，一点儿危机感都没有,大概是家里有钱吧。

我只能靠自己。我一天的日程是这样安排的:早晨 6 点起床;6 点 20 分骑车上学;6 点 40 分开始背诵政史,经常趁老师不在时,偷看两眼语文;6 点 50 分开始晨读,晨读后无早操,两节课后省略眼操,都是为了充分利用宝贵的时间。中午回家吃饭,饭后在椅子上打瞌睡,但不能睡着,这是在调整生物钟,因为中考下午 2 点开考,没有午睡时间。下午三节课然后三节自习,一直持续到 8 点,晚上回家写完作业已近 11 点,睡觉时已是 11 点半,然后一夜无梦……

班里的尖子生陆续收到了各个学校的入学考试通知,我只能干看着眼红,他们是有保障了,可我还得去挤独木桥。谁让咱没能耐呢?拼吧!

有的人比我起得早,有的人比我睡得晚,但我却与众不同地在一次考试中从二十八名一下蹿到前五名。大综合时期,卷子大得可以包下一个大猪头,题量大,难度大,我却进步了。匪夷所思。

妈妈说我辛苦,其实不然,不是辛苦,是"心苦"。我的心累极了,看见练习卷就想吐,每天的神经绷得紧紧的,生怕一松劲儿就会被其他人赶上。每天晚上做作业,10 点钟是最困的时候,眼泪口水全都流在作业本上。过了 11 点,躺下却根本睡不着,满脑子都是些奇奇怪怪的符号。我曾两次做过中考不及格的梦,两次在梦中哭醒。

理科实验考试结束了,练习时从来没有全对过的我居然也拿了满分,真是傻人有傻福。体育测试结束了,800 米过后我比死了还难受,灰尘使我的鼻子拖了两星期的清汤挂面。接着毕业相照完了,填报志愿也结束了。

在志愿表上,我只涂了重点一项,怎么看怎么有点儿视死如归的味道。大家都说我能行,说实话,心里没底,一分把握都没有。

中考两天时间在绵绵阴雨中结束了。

毕业典礼结束了。

我的初中也结束了。

这一年,哭过,笑过。我像一只毛毛虫,经过痛苦的蜕皮,不断得以成长。初三的浪漫与任何一种浪漫都不同,它教会了我自信,教会了我执著,更教会我在目标朦胧不清时的坚定。我不聪明,不美丽,没有殷实的家境保我一生幸福,我只是一条在湍急的水流中逆流而上的鱼,既然不能摆脱水的束缚,那就只有征服它。初三,另一种浪漫让我读懂了生活。

【简评】

文章通过初三生活的全部过程,写作者自言是一条"在湍急的水流中逆流而上的鱼"。其实不仅初三的学生如此,生存的压力和社会的竞争是每个人都不得不面对的,"既然不能摆脱水的束缚,那就只有征服它",这是作者理智的感念,也应成为读者每个人的人生态度。

"战痘"青春/···周 蓉

自从有了青春痘,我就决定不再照镜子了。可是这些讨厌的痘不仅看得见,而且还摸得着,每次洗脸,我都揪心地痛,想哭。

存在是不以意志的改变而改变的。逃避只能是自欺欺人,惟有"战痘",才能解决问题。我顾不了太多了,厚着脸皮从超市捧回一堆洗面奶、洁面乳、肤螨灵霜什么的。初次使用的感觉好极了。洗面奶洗过脸,凉飕飕的,清清爽爽,好像没生青春痘之前一样;抹了肤螨灵霜后脸上辣嗞嗞的,不一会儿又感到热乎乎的。这些和说明书上描述的一模一样,看来,不久"战痘"就能取得胜利。

可是渐渐地我发现使用洗面奶和肤螨灵霜除了有些感觉外,我的那副尊容并没什么改观,痘痘仍死皮赖脸不肯下岗!可能是我太性急了,古训"欲速则不达","战痘"也不该例外的。对,贵在坚持,绝不能半途而废。于是我一如既往,精洗细抹,一日三次,毫不懈怠。然而,折腾了近一个月,我不能不面对现实了:那些小痘痘可谓此消彼长,一点儿也不见少。My god! What shall I do?Who can tell me?

"外因是条件,内因是关键。"政治老师在我苦恼不已之时,送来了金玉良言。我恍然大悟。当我向医生道出苦衷后,医生笑着说:"青春痘是青少年青春期的正常生理反应,是人体内分泌失调引起的,随着年龄的增长会自动消失,荤腻腥臊酸辣等刺激性和上火的东西会刺激其产生。缺锌也是……"荤、腥、辣,我哪天不吃!难怪涂了一个月都不起作用!内因,果然是忽视了内因。谨遵医嘱,我买了四小瓶硫酸锌口服液,如获至宝地回了家。

接下来的日子里,我便严格控制饮食。鸡、鸭、肉、腻,不吃;鱼、虾、腥,也不吃;"豆"、"痘"谐音,也不吃……不几日,我便领悟了"人生最大敌人莫过于自己"这句话的深刻含义。一日,我们一群姐妹路过县城最有名的"达记"锅贴店,其中一位跟我过不去似的招呼着大伙:"今天我请客!机不可失,时不再来噢。"还有一位居然打过牙祭后向我的忍耐极限挑战:"味道好极了,蓉蓉,你就吃一个总不会有事吧?你也不能总是喝硫酸锌嘛。"哼!不能让她们笑话我刻意、做作。我高声喊道:"老板,十个锅贴——请打包,我要带回去慢慢吃。"

有志者,事竟成。三周下来:原本霸气十足的痘痘消失了大半,只还有几颗痘痘缩在唇角边,那算不了什么的,经历一番寒彻骨,必有梅花扑鼻香。我笑了,我有些激动地擦着眼角的泪花。蓦地,我发现自己的脸瘦了很多,不仅没有了往日的圆润,而且还添了不少皱纹。唉!真是为"痘"消得人憔悴!我的表情凝固了……

"蓉蓉,垂头丧气的干吗呢?"妈妈拍拍我的肩膀。我再也忍不住了,将"战痘"的艰难历程全部告诉了妈妈。"其实,我早就看出来了,但我没有说什么。爱美之心人皆有之,况且你的'战痘'方式也没有什么可指责的。不过,你不妨想想,青春痘,青春痘,这是青春才有的痘啊,你又何必这么在意呢?"妈妈笑着说。

妈妈的话我越想越有道理。是啊,我何必刻意去治疗这些小痘痘呢。如果美丽是以人正常的需求,甚至健康为代价,那么,舍弃这种美丽又有何妨?

我于是不再"战痘"。

【简评】

作者将这一苦苦鏖战青春痘的历程细腻传神地出现于笔端。这是为数不多的,更不用说那独特而深刻的感悟了。人生需要执着的追求,这个道理可能人人皆知,但人生有时也需毅然的放弃,这又有几人能做到呢?从这一点来看,本文是很有可读性的。文章语言活泼、诙谐,颇具特色,可供同学们借鉴。

慧眼识真金

社会卷

营养·运动·水·阳光·空气

休息·节制·心境平和

　　是真金,终究要闪光的。可为什么要埋没它呢? 又有谁知道,地表下面人为地埋没了多少真金。这些财富的遗失,不仅仅是真金的悲哀,更是社会的损失。

　　那么还有铜呢,还有铁呢,还有银呢,还有其他本可在阳光下一样熠熠生辉的其他金属呢? 它们在阴霾潮湿的空气中氧化,生一层锈斑,将发亮的内心遮盖,蒙一身尘土,将刚强的本质掩藏,守柔处弱,变动不居,这到底是谁的责任? 谁的罪过? 难道这个世界真的偏爱灰暗,钟情浑浊,敌视刚直,仇恨发光?

　　请擦掉身上那些寄生的附着物,把自己变成一把锋利无比的长矛,让金属的本性在阳光下铿铿锵锵,刺穿世俗弥天的大网! 让金属的愤怒在长风中呼号,捕杀非金属于藏污纳垢之处! 用你的刚直,锻铸棱角分明、鲜活磊落! 用你的坚毅,打造光圈交错、缤纷闪烁! 然后,然后在疲惫的冲突中倒下、死去。

快乐阅读
kuai le yue du

猴子依然是猴子 / ···吴 昊

　　我是在学过社会发展史以后，知道人是由猴子变来的。然而又久久困惑不解：为什么世界上还有许多猴子？为什么这些猴子没有变成人？如果一切猴子都可以变人，鱼类可以走上陆地，爬虫可以飞上天，飞禽可以变走兽，走兽可以变猴子……有朝一日，宇宙除了人之外，岂不就没有其它生物？

　　这种担心当然是多余的。现在的猴子不会变成人。猪呀，羊呀，也逃不脱挨刀之后被做成大菜的命运。孙悟空和二郎神斗法，费了好多心思，也没有把尾巴处理掉。看来当初变人的猴子和现在的猴子是不同的。按照恩格斯的定义，人是能进行抽象思维和创造工具的动物。人是能探索、进取、创造的，猴子再机灵也超不出模仿的范畴。因此，五万年前的猴子是猴子，五万年后的猴子依然是猴子；五万年前的猴子如何觅食、钻山洞、晒太阳、掰虱子，现在的猴子却依然如故。而人类却不然，一块肉在人的手里，由生吃到烧熟吃、到剁成馅包饺子、煮汤圆，到红烧、爆炒，到制成罐头，发生了多少变化，有了多少进步！看来人类的伟大全在于不断地变革、不停地创造！

　　前年国家的大熊猫发生了一些险些灭绝的危机，原因是大熊猫的食品冷箭竹枯萎落叶，连小学生都把买糖果的钱拿出来，"抢救国宝大熊猫"。看来大熊猫太笨了，应变能力太差了。枯死冷箭竹，山上不是还有其它草、其它树吗？为什么不吃呢？消化不了，为什么不煮熟了吃、煎着吃、炒着吃、为什么不做成流食，为什么不到成都大街上去吃"麻婆豆腐"？要是人类，绝不会那样傻，绝不会看着那么多可吃的东西而活活饿死。

　　人类的进步源泉在于不停地变革，不断地创造。就人的自消费来讲，人是生物界中最靡费的一个，人不仅要吃五谷杂粮，还要吃山珍海味，天上飞的，地上跑的,河里游的,都是人之所欲,都是餐桌上的美味,如果人像熊猫那样"死脑筋"岂不早就饿死了。狮子、老虎比人凶猛得多,现在都面临灭绝的危险,我想原因,一是他们只知吃肉,二是他们不会制造原子弹!正因为人总是在不断地变革、创造,人才把一切生物都甩得远远的,人终于成了这个世界的主宰。

然而很遗憾,人类一方面很需要变革创造,另一方面又不断地有人反对变革。当第一架飞机诞生的时候,主张天上有上帝的人,生怕飞机上天就像孙猴子闹蟠桃会,打破了天上的平静。积沉在人身上的这种守旧势力,其实是一种"返祖现象"——猴子不是在始终不变中生活吗?

谢天谢地,人类总在百折不回地进行变革创造,不然说不定还要与猴子为伍。而猴子,正是不懂得不断变革创造,才今天依然是猴子,明天依然是猴子!

与你共品
yu ni gong pin

本文是吴昊写的一篇杂文,主要说明猴子变不成人的原因。文章着重指出人类进步的根源在于不断变革,不断创新。在今天这个伟大时代,如果不努力变革甚或阻挠变革,那无异于猴子。此文事例典型,对比鲜明,说理透彻,给人启迪,催人奋进。

个性独悟
ge xing du wu

★本文最主要的表现手法是什么?要说明的问题是什么?本文在写法上有怎样的特点?其作用是什么?

★阅读本文使我们认识到只有改革才能生存,但在具体问题上,较多的人却不愿改革,请根据自己的感受说明原因。

快乐阅读
kuai le yue du

口中剿匪记 / ··· 丰子恺

　　口中剿匪,就是把牙齿拔光。为什么要这样说呢?因为我口中所剩十七颗牙齿,不但毫无用处,而且常常作祟,使我受苦不浅。现在索性把它们拔光,犹如把盘踞要害的群匪剿尽、肃清,从此可以天下太平,安居乐业。这比喻非常确切,所以我要这样说。

　　把我的十七颗牙齿,比方一群匪,再像没有了。不过这匪不是普通所谓"匪",而是官匪,即贪官污吏。何以言之?因为普通所谓"匪",是当局明令通缉的,或地方合力严防的,直称为"匪"。而我的牙齿则不然,它们虽然向我作祟,而我非但不通缉它们,严防它们,反而袒护它们。我天天洗刷它们,我留心保养它们;吃食物的时候我让它们先尝;说话的时候我委屈地迁就它们;我绝不敢冒犯它们。我如此爱护它们,所以我口中这群匪,不是普通所谓"匪"。

　　怎见得像官匪,即贪官污吏呢?官是政府任命的,人民推戴的。但他们竟不尽责任,而贪赃枉法,作恶为非,以危害国家,蹂躏人民。我的十七颗牙齿,正同这批人物一样。它们原是我亲生的,从小在我口中长大起来的。它们是我身体的一部分,与我痛痒相关的。它们是我汲取营养的第一道关口。它们替我研磨食物,送到我的胃里去营养我全身。它们站在我的言论机关的要道上,帮助我发表意见。它们真是我的忠仆,我的护卫。讵料它们居心不良,渐渐变坏。起初,有时还替我服务,为我造福,而有时对我虐害,使我苦痛。到后来它们作恶太多,个个变坏,歪斜偏侧,吊儿郎当,根本没有替我服务,为我造福的能力,而一味对我戕害,使我奇痒,使我大痛,使我不能吸烟,使我不能喝酒,使我不能作画,使我不能作文,使我不得说话,使我不得安眠。这种苦头是谁给我吃的?便是我亲生的,本当替我服务,为我造福的牙齿!因此,我忍气吞声,敢怒而不敢言。在这班贪官污吏的苛政之下，我茹苦含辛，已经隐忍了近十年了！不但隐忍，还要不断地买黑人牙膏、消治龙牙膏来孝敬它们呢！

我以前反对拔牙，一则怕痛，二则我认为此事违背天命，不近人情。现在回想，我那时真有文王之极德，宁可让商纣方命虐民，而不肯加以诛戮。直到最近，我受了易昭雪牙医师的一次劝告，文王忽然变了武王，毅然决然地兴兵伐纣，代天行道了。而这一次革命，顺利进行，迅速成功。武王伐纣要"血流漂杵"，而我的口中剿匪，不见血光，不觉苦痛，比武王高明得多呢。

饮水思源，我得感谢许钦文先生。秋初有一天，他来看我，他满口金牙，欣然地对我说："我认识一位牙医生，就是易昭雪。我劝你也去请教一下。"那时我还有文王之德，不忍诛暴。便反问他："装了究竟有什么好处呢？"他说："夫妻从此不讨相骂了。"我不胜赞叹。并非羡慕夫妻不相骂，却是佩服许先生说话的幽默。幽默的功用真伟大，后来有一天，我居然主动走进易医生的诊所里去，躺在他的椅子上了。经过他的检查和忠告后，我恍然大悟，原来我口中的国土内，养了一大批官匪，若不把这批人物杀光，国家永远不得太平，民生永远不得幸福。我就下决心，马上任命易医师为口中剿匪总司令，次日立即向口中进攻。攻了十一天，连根拔起，满门抄斩，全部贪官，从此肃清。我方不伤一兵一卒，全无苦痛，顺利成功。于是我再托易医师另行物色一批人才来。要个个方正，个个干练，个个为国效劳，为民服务。我口中的国土，从此可以天下太平了。

与你共品
yu ni gong pin

　　牙齿与我们的生活息息相关，它们"替我研磨食物，送到我的胃里去营养我的全身"，"它们真是我的忠仆，我的护卫"。但当它们渐渐变坏，作恶多端，"使我奇痒，使我大痛……一味对我虐害，使我痛苦"时，"我"毅然决然地做出了"口中剿匪"的抉择。这"匪"剿得好，剿得大快人心。

　　文章把坏了的牙齿比做"官匪"，说它们是"贪官污吏"，可见作者作文的目的在于针砭时弊。文章语言幽默，爱憎分明，读来让人畅快淋漓。

★请写出作者写本文的用意是什么？

★请找出我的十七颗残牙给我带来什么样的痛苦？

★"在这班贪官污吏的苛政下，我茹苦含辛，已经隐忍近十年了"一句表现了作者当时什么样的心情，有什么作用？

★作者认为国家的官员该是什么样的人？

好人坏在哪里？／···李 敖

人们从小就被教育做好人、训练做好人，长大以后，有的自信是好人、有的自诩是好人、有的自命是好人，他们从少到老、从老到咽气，一直如此自信、自诩或自命，从来不疑有他，但是，好人、好人，他们真是好人吗？深究起来，可不见得。

事实上，世间所谓的好人，其实他们坏得真够瞧的。好人怎么会坏呢？会坏，我举出三点主要的，证明给你——好人——看：

好人的第一坏——不敢与坏人争。

好人的第一坏处是，他们怕坏人，因为怕，所以不敢与坏人争。1965年，吴相湘因反对黑暗势力辞去台大教授的时候，他对我说："我这回'退让贤路'了！"我回答他说："吴老师，你错了，你退让的不是贤路，而是道道地地的'恶路'！"什么叫"退让恶路"？退让恶路是好人用消极而退缩的办法，自承斗恶人不过，最后下台鞠躬，关门叹气，听任坏蛋们昏天黑地的乱搞。正如张伯苓所说的："这个年头儿，就是因为'坏人都在台上唱戏，好人蹲在屋里叹气'才越来越糟糕！"

天下坏事的造成,有两个原因,一个是坏人做坏事;另外一个是好人容忍、坐视、甚至默许坏人做坏事。结果呢?有能力或可能有能力的好人,在有机会或可能有机会的时候,放弃了打击坏人、阻止坏人作恶的行动。于是天下的坏事,也就一件一件的蔓延起来了。

所以,不客气地说,坏事不全是坏人做出来的,其实好人也有份,容忍、坐视,甚至默许坏人做坏事,乃是使坏事功德圆满的最后一道手续,好人之罪,岂能免哉?

好人的第二坏——以为"独善其身"便是好人。

好人最大的毛病,乃在消极有余,积极不足;叹气很多,悍气太少。结果他们所能做的,充其量只是"独善其身"而已,绝不是"普度众生"的好汉。但是最后,坏人并不因为好人消极叹气就饶了他们,坏人们还是要欺负好人、强奸好人,使他们连最起码的"独善其身"也善不好,连佛教中最低级的"自自了汉"也做不成。最后只得与坏人委蛇,相当程度的出卖灵魂,帮着坏人"张其恶"或"扶同为恶"。这真是好人的悲哀!

好人所以"独善其身",其实是一种相当程度的自欺。这种自欺,原因在于好人以为"独善其身"便是好人人格的完成,其实,这一完成,还差得远哪!

为什么?因为好的完成,必须是向外性的,而不是向内性的,顾炎武说他不敢领教置四海穷困而不吭气,反倒终日讲道德教条;林肯说他无法认同一半是奴隶一半是自由人的长久存在,都在说明了道德上的向外性。老罗斯福打击"财阀",推动反托拉斯政策,坚信如不能使个个过得好,单独那个也过不好。就是这种向外性的伟大实证。

以"独善其身"自欺的好人,他们自欺到以为"独善其身"便是好人了,其实是大错特错的,因为坏人是向外性的。好坏关系是一种此长彼消的互斥关系,自以为"独善其身"便是好人了的,就好像踩在粪坑里而高叫自己不臭一样,这是不可能的。

好人的第三坏——以为"心存善念"便是好人。

当"独善其身"大行其道以后,伦理学上的"动机派"便成了好人的护符。"动机派"的走火入魔,判断一件事,不看事的本身,反倒追踪虚无缥缈的动机,用动机来决定一切。孟轲说"乃若其情,则可以为善矣,乃所谓善也"。俞正燮直指孟轲说的"情",就是"事之实也"。无异指动机就是事实,一切要看你存心如何:存心好,哪怕是为了恶,也"虽恶不罚";存心不好,就便是为了善,也"虽善不赏"。这样不看后果,全凭究其心迹的测量术,一发而不可收拾,就会变得舍不该舍之末,而逐不该逐之本,以为人在这种本上下工夫,就可得到正果。这真是胡扯!王阳明说"至善只是此心纯乎天理之极便是",他全错了!善绝非一颗善心,便可了事。善必须实践,必须把钱掏出来、把血输出来、把弱小扶起来、把坏蛋打在地上,才叫善;反过来说,"想"掏钱、"准备"输血、"计划"抑强扶弱,都不叫做善。你动机好,没用,动机是最自欺欺人的借口,17世纪的西方哲人,就看出这点,所以他们点破——"善意铺成了到地狱之路"。这就是说,有善意而无善行,照样下地狱,阎王老爷可不承认光说不练。

可怜的是,好人在"独善其身"之余,竟自欺到以为只要"心存善念",便是行善了、就问心无愧了,其实这是不够的。

与你共品
yu ni gong pin

本文选自李敖的《笑傲五十年》一书中的第五篇。本文标题就掷地有声,咄咄逼人。文中以尖锐的语句讽刺了世上的所谓"好人"的种种做法,将那些没有骨气、不敢抗争的"好人"剥落得体无完肤,可谓一针见血,一语中的。

个性独悟
ge xing du wu

★作者在叙述"好人的第三坏——以为'心存善念'便是好人"时,批驳了哪些古人的论述?

★在作者看来,造成天下坏事的原因有哪两种?(用文中原话回答)

★为什么说"独善其身"根本就不是好人人格的完成?作者是怎样阐述的?(用文中原话回答)

快乐阅读
kuai le yue du

送 礼/···张 长

送礼赠答,贤者不免。"投我以桃,报之以李","投我以木瓜,报之以琼琚"。礼尚往来,古今中外都是一样的。开始,人们送礼大约只是表达一种尊敬和亲近之情。礼送了,情表了,也就完了,并不期待着对方要为自己做什么事。它本身的目的是很美好的。当今送礼可不一样了,它常常成为达到一个目的的一种手段。

我这辈子既送过礼,也收过礼。既纯粹地只把送礼当成表达个人感情的一种目的,也曾不得已地把它当成达到另一个目的的一种手段。生活在世纪末的滚滚红尘中,我难免俗。

解放后很长一段时间不兴送礼。20世纪60年代,我曾请人帮忙盖一间简陋的小厨房。又砍竹子,又割茅草,盖屋时只准备了一壶开水,两包香烟了事。

收受礼物对大多数人来说是在结婚的时候。我曾保留着结婚时七八名同事联名送我的一件礼物——一个小花盆似的大茶壶。陶质粗劣,造型憨笨,其质朴是那个时代的缩影。

随后两年闹"文革",破"四旧",更无送礼之说。死了人,送上"最高指示":"死人的事是经常发生的……"结婚是惟一允许送礼的喜事,然礼物清一色是红宝书、红像章。

新时期开始慢慢地有了点儿人情味,朋友之间逢生日喜事,开始送点小礼物以表情谊。彝族老作家李乔,有一年自老家石屏归来,赠我以他家的名特食品——石屏豆腐。老人事必躬亲,一块豆腐不差儿孙辈送来,以八十高龄之躯,抖巍巍地捧上我住的五楼。开门见状,感动莫名。老人一心只想让我尝这美味,并不需要我帮什么忙。那份真情厚谊就像那块他家乡的豆腐一样纯净。当今社会,别说一块豆腐,便是价值数百的洋酒洋烟,对那些肥得淌油的贪官污吏们已不屑一顾了。倘做官再娶个富婆,权钱结合,那是完全有条件"廉洁"的。你送的东西尚不值他一条领带或一双皮鞋的钱,要它做甚?

于是这"礼"的档次便越来越高。"烟(研)酒(究)! 烟(研)酒(究)! "是上两个年代的古话了,现在已是送车,送别墅的时代,近闻民谣云:"麻将摸成白板,送礼变成现款……"红包,成了一种最方便的"礼物"。携带方便,不招人显眼;使用方便,可以转变成任何等值商品。但直接送钱似有行贿之嫌,于是送礼者又常借玩麻将的机会把大把大把的钱"输"给对方,双方心照不宣,皆大欢喜。此种送"礼"法或行贿法是一种东方智慧。

送礼确实是一门学问。我这里指的是有求于人的那种送礼。举凡选什么礼物,在什么时间以什么方式交给对方等等都得考虑,不能人家办喜事时你去送钟(终),或送上礼物之时就提出要对方帮你办这办那;特别是给官员送礼,方方面面都得考虑周全,稍有闪失则弄巧成拙。比如在他高朋满座时你冒昧闯入,呈上礼品,很有可能这位"廉洁自律"的官员会当众训你一顿,请你原物带回,结果是自讨没趣。精于此道者,常常是作感情投资,以免"平时不烧香,忙时抱佛脚"。高明的送礼者关键时恰恰不送礼。

世界上没有白吃的午餐。当人收受礼物时也就作出了某种承诺。当然,也有"肉包子打狗一去不回"的时候,惭愧! 本人就有过惟一一次有求于人不得不送礼而又落得如此下场的。那是要搞一部电视剧,想借一位父母官的面子拉点赞助。初次见面,又有求于人,焉能空手叩门?世风如此,只好备一份不菲的礼物。我从未这样干过。当拎着东西按响门铃时只觉汗流浃背,这话从何说起呢?是先说明来意还是先奉上礼物? 一向自命口才尚可的我竟然一下子变成了傻瓜。心想万一人家拒收,自己还得把礼物拎出门,那才够狼狈的。好在官员家中尚无宾客。"怎么那么客气呀! "又是他先开口。阿弥陀佛! 我顺势把东西往桌上一放,心也就放下了。此时,也不知是因我不断提醒自己不要太功利,因而该说的没说,抑或此类事这位父母官经历太多,总之,收礼,喝茶,今天天气哈哈哈。走人。好像什么事也不曾发生。等了半年,泡泡也不冒一个。事后,我也不好意思再去打扰这位日理万机的官员。这次很俗气的行动就纯粹成了一个子民向辛劳的父母官表示慰问的过程。那位父母官肯定这么想。

我其实也真想这么做——什么时候给检察官献上一束玫瑰,给书记送点我母亲烤的大麦饼,给市长送一块好吃的豆腐——就像乔公专程给我送一块豆腐那样,仅仅把送这些东西当成一种家常活动,仅仅因为爱。

与你共品
yu ni gong pin

　　"礼尚往来",古今中外都一样。作者十分坦率而又鲜明地指出了送礼之目的,值得世人咀嚼品味。

　　自己"送礼"仅仅是为了表达同志、师长之间的友谊——爱,并无索取之求,鞭挞了那些怀着非分之想的达官贵人借机索取民脂的丑行,劝诫了那些万事皆求人,求人先送礼的世人,文章具有极深的现实意义,值得我们咀嚼品味。

　　另外,中心明确,是本文的显著特点,而且这个中心是通过几种送礼方式、目的的对比表达出来的。肯定了正确的,否定了错误的。

个性独悟
ge xing du wu

　　★文章第一段所引用的诗句出自于何处?

　　★第九段中"一次有求于人不得不送礼"的根本原因在于什么?

快乐阅读
kuai le yue du

玩知丧志 / ···余 杰

　　中国除了人多,就是书多。于是,读书人也多。像孔子式的"韦编三绝"者亦多,像杜甫式的"读书破万卷"者亦多,但中国并没有因为拥有多如牛毛的勤奋的读书人而进步。

　　我最反感的是两句古话,一是"万般皆下品,惟有读书高";二是"学而优则仕"。前者是原始时代蛮性的遗留,以为知识是具有神性的,因此掌握知识的人也就像祭司、巫婆一样具有神性,高于一般人。中国民间有"惜字纸"的习俗,看到地上有写着文字的纸,赶紧虔诚地拾起来,放到炉子里烧掉,千万不能让它被污染了。后者更是中国政治的一大致命伤,秦桧、严嵩、阮大诚都是读书读得不错的人,把孔夫子当做敲门砖,门倒是敲开了,可也敲出千古骂名来。可见,读书与当官是两码事。读书不见得能够"改造人性"。读书多的人,仍然可能是混蛋和蠢猪。

长辈指责后辈,特别是对那些花花公子、游手好闲之徒,常常用"玩物丧志"四个字,我却认为,"玩物丧志"倒还情有可宥,而"玩知丧志"则罪不可赦,直可打入十八层地狱,永世不得超生。中国的读书人,十有八九是"玩知丧志",陶然自得,乐在其中的。几部残缺不全的破经典,你注过来我注过去,皓首穷经,头发白了,经却还没有注完。清代的大师们,表面上看是在追求"纯粹的知识",其实是在文字狱的淫威下挥刀自宫——他们的知识全是没有价值判断的、不对当下发言的、逃避心灵自由的,通向奴役之路的知识。他们以这样的知识,被朝廷纳入"博学鸿词"科的罗网之中。

我曾看到卖兰州拉面的大师傅的绝技——面团在他们的手中捏拿拍拉,比庖丁解牛还要游刃有余。面团在他们手中服服帖帖的,想变成什么形状就变成什么形状。我想,中国读书人玩弄知识的情状就跟大师傅揉面团差不多,揉来揉去还是那一小块面团,却能千变万化,令人眼花缭乱。中国的知识谱系就像面团——从中找不到任何一点儿坚硬的质地。这堆面团从古代揉到今天,从今天还要揉到未来。一开口便是孔子曰、朱子曰、马克思曰、德里达曰……惟有"我"缺席了。既然是"玩",那么知识就像电子游戏中的图像,全在"我"的控制之下,而"我"是要处于屏幕之外的,倘若"我"加入进去了,那还叫什么游戏呢?偏偏有那么一两个傻子,要到屏幕中去,要将生命与知识融为一体,这不破坏了游戏规则?破坏游戏规则的人,将被罚下场去——如陈寅恪,只有哀叹"晚岁为诗欠斫头"了。

中国并不缺少知识,缺少的是反思知识的知识。中国人并非读书读得少,而是读书的态度出现了问题。我在读钱理群先生的《周作人传》时,更加坚定了我的这种想法。周作人是 20 世纪中国读书最多的作家和学者,他所读的书用浩如烟海来形容绝不过分。《知堂回忆录》的最后,知堂不无自豪地总结自己一生所涉及的研究领域:希腊神话、日本俳句、英国文学、民间歌谣、人类学、性心理学……一共犬牙交错的数十个领域。陈平原先生曾说,今天的学者能在一个领域内赶上周作人就相当不错了。然而,周作人智商之高、读书之博,并没有阻止他落水当汉奸。1938 年 8 月,胡适写信给周作人,说他梦见苦雨斋中吃茶的老僧飘然一杖天南行,"天南万里岂不太辛苦?只为智者识得轻与重"。然而,周作人还是脱下老僧的袈裟,变成日本侵略军麾下的"督办"了。

胡适高估了周作人,他哪里是"智者",不过是玩弄知识的游戏者罢了。他的变节不是偶然的,与他读书、求知、作文与做人的方式有必然的因果联系。周作人当教育督办,当得兢兢业业,在报纸上写《华北教育一年之回顾》,宣称要对意志薄弱的学生进行"思想管制"。他喊了几十年"自由",最终在自己拥有权力以后,又自己扼杀了自由。当日军在沦陷区实行三光政策时,周作人竟然在电台里公开鼓吹绝灭人性的杀戮,玩弄血的游戏,"治安强化运动是和平建国的基础,是使民众得以安居乐业的惟一途径"。

在三千年专制主义的酱缸里泡熟的中国知识传统,渗透到中国文人的血液里。许多中国文人身上都有周作人气,知识仅仅是一种格调,一种情趣,一种摆设,一杯茶,一件书法,而不是自由的屏障、解放的动力。他们不是通过知识洞察当下的生存困境,而把知识作为消解个人责任的面具。认为自己拥有知识,便拥有了超脱于俗世之上的权力,是掩耳盗铃的做法。加缪说过:"作家是不可能有希望为了追求自己宝贵的思想和形象而远离尘嚣的。"爱默生也认为:"学者理应成为思想的人。其责任可以归纳为'自信'。学者的职责是去鼓舞、提高和指引众人,命令他们看到表象之下的事实。"中国读书人,缺乏的正是这样一种对知识和世界的态度。

今天,学者文人们为贫困或受轻蔑而愤愤不平。我想,与其毫无意义地跟别人赌气,不如老老实实地想想:我在做些什么?那些难以为继的学术刊物上的论文,有几篇不是为了混稿费、混职称而拼凑出来的垃圾?许多教授已然蜕变得跟卡内提的杰作《迷惘》中的老学者差不多了:终日生活在由抽象的知识建构的世界里,喃喃自语。通晓几种语言文字,写下满书架的著作,却被女佣人玩弄于股掌之上。最后,女佣成了主人,他被赶到大街上。有一次,有位我十分尊敬的、在学界地位如泰山的教授问我:"回家坐火车没有过去那么挤了吧?"我感谢他的关心,却对他真空包装式的生活感到悲哀:他真不知道中国春节时有几千万民工运动在铁路动脉上?他真的对外面的生活隔膜到了这样的程度?知识让他丧失了获得那些对我们来说仅仅是常识的信息的能力。

爱默生是个背着十字架的学者和作家。他在黑暗的夜晚,举着光炬,他说这才是知识分子的使命,"我不愿把我与这个充满行动的世界隔开,不愿意把一棵橡树栽在花盆里,让它在那儿挨饿、憔悴。学者不是独立于世的,他是现今这个灵魂萎靡的队伍里,一个执旗的人"。

这是不是一记警钟呢?

与你共品
yu ni gong pin

　　本文思想深刻、语言犀利,或许有人会觉得深刻、犀利而有些偏激,但是阅读此文,除了领略文字的功底外,更重要的是开启另一种思维方式,打破一种传统的说法与定式,用自己的头脑去判断、审视一系列的问题。作者由人们所极为熟知的玩物丧志而换之为玩知丧志,玩弄知识可以丧失志气,如果不是危言耸听,也定是有其道理的。作者又将千百年来人们津津乐道的"韦编三绝""读书破万卷"皓首穷经的经典一顿批驳。阅读本文要抓住作者所阐述的要旨,是"玩"知,而不是"学"知,"用"知,从"万般皆下品,惟有读书高","学而优则仕"入手,批驳"玩知"者把读书当做敲门砖,"玩知"者就同玩面者一样。"玩知"者所缺的是将生命与知识融为一体,不缺读书人而缺反思知识的知识,缺少的是知识分子的使命——一个执旗的人。

个性独悟
ge xing du wu

　　★你是怎样看待"万般皆下品,惟有读书高"这种说法的?作者在第二段中举民间"惜字纸"意在说明什么?

　　★作者反感于"学而优则仕",你认为作者所列举的秦桧、严嵩、阮大诚的例子能够证明"读书与当官是两码事"吗?

　　★知识分子的使命是什么?

快乐阅读
kuai le yue du

招 聘 / · · · 贺丙晨

　　日本的一家公司要招聘 10 名职员，经过一段时间严格的面试笔试，公司从 300 多名应聘者中选出了 10 位佼佼者。

　　发榜这天，一个叫水原的青年见榜上没有自己的名字，悲痛欲绝，回到家中便要悬梁自尽，幸好亲人及时发现，水原没有死成。正当水原悲伤之时，从公司却传来好消息：水原的成绩是名列前茅的，只是由于计算机的错误，导致了水原的落选。正当水原一家人大喜过望之时，从公司却又传来消息：水原被公司除了名。原因很简单，公司的老板认为："如此小的挫折都经受不了，这样的人在公司是干不成什么大事的。"

　　美国的一家公司要招聘 10 名职员，经过一段时间严格的面试笔试，公司从 300 多名应聘者中选出了 10 位佼佼者。

　　发榜这天，一个叫汤姆的青年见榜上没有自己的名字，悲痛欲绝，回到家中便要悬梁自尽，幸好亲人及时发现，汤姆没有死成。正当汤姆悲伤之时，从公司却传来好消息：汤姆的成绩原是名列前茅的，只是由于计算机的错误，导致了汤姆的落选。正当汤姆一家人大喜过望之时，美国各大州的知名律师纷纷来汤姆的家中，他们千方百计地鼓动汤姆到法院告这家公司，让公司支付巨额的"精神赔偿费"，并自告奋勇地充当汤姆的辩护律师。

　　德国的一家公司要招聘 10 名职员，经过一段时间严格的面试笔试，公司从 300 多名应聘者中选出了 10 位佼佼者。

　　发榜这一天，一个叫肖恩的青年见榜上没有自己的名字，悲痛欲绝，回到家中便要悬梁自尽，幸好亲人及时发现，肖恩没有死成。正当肖恩悲伤之时，从公司却传来好消息，肖恩的成绩原是名列前茅的，只是由于计算机的错误，导致了肖恩的落选。正当肖恩大喜过望之时，肖恩的父母却坚决反对自己的儿子进入这家公司。他们的理由不容置疑：这家公司工作作风如此差劲，进入这家公司对儿子的成长毫无益处。

中国的一家公司要招聘 10 名职员，经过一段时间严格的面试笔试，公司从 300 多名应聘者中选出了 10 名佼佼者。

发榜这天，一个叫晓东的青年见榜上没有自己的名字，悲痛欲绝，回到家中便要悬梁自尽，幸好亲人及时发现，晓东没有死成。正当晓东悲伤之时，从公司却传来好消息：晓东的成绩原是名列前茅的，只是由于计算机的错误，导致了晓东的落选。正当晓东大喜过望之时，晓东的父母却从商店买来锦旗和奖状。他们来到公司，远远地望见公司老板便跪了下来，他们满含热泪地说："多亏你们救了我儿子，我们家世世代代铭记你们的大恩大德呀！"

与你共品
yu ni gong pin

初读此文，颇令人忍俊不禁，细细读来，却令人深思。为什么同样的遭遇在四个不同国家的青年身上，却有不同的结果呢？究其原因，是各国文化背景及社会环境的不同而使然。单就中国父母的做法而言，就觉得不太妥当。这种把别人改正错误当做对自己莫大恩赐的做法，不是太丧失自主意识了吗？难道不值得我们去深思吗？

个性独悟
ge xing du wu

★比较这四个青年及家人的做法，你最不赞成的是哪国青年及家人的做法，为什么？

★四件事笔法、格式完全一致，甚至有很多笔墨几近相同，这样设计的好处是什么？

我是世间的一粒尘埃

★相同的事件，不同文化背景下就有不同的处理方法。请你举出一件这样的事并加以评论。

快乐阅读
kuai le yue du

嘴踢足球／···余 杰

1997 年,中国足球冲击世界杯的希望再次陨落。在世纪末的地平线上,太阳再不可能冉冉升起。

这是一个足球越踢越臭,足球评论越说越精彩的时代。说到足球,每个球迷都会有王朔的本领,妙语联珠,滔滔不绝,如黄河之水天上来,奔流到海不复还。记得《南方周末》策划过一个作家侃足球的专栏,几位中青年作家侃得头头是道,仿佛个个是行家里手。而电视广播更是发挥它们"说"的优势,许多黄金时段都被足球话题独占了。

人人都在谈足球,足球却不理会这一套。中国足球从 1957 年第一次冲击世界杯开始。已经走过了漫长的 40 年,这漫长的 40 年,足球一次接一次地从我们的脚心溜走。苏永舜、曾雪麟、高丰文、施拉普纳、戚务生……走马换将,依然走不出兵败城下的怪圈。于是,人们在恨铁不成钢之后,开始分析"症结"何在,心理、体能、体制、教练、战术、奖金、文化背景……找来找去,都是,却又都不是。

足球仅仅是足球。足球是千百种体育运动中的一种,尽管它是最有魅力的一种,但还没有重要到"一球兴邦、一球丧国"的地步。1997 年秋天在大连的四场比赛,万达足球俱乐部订做了 10 万面国旗,为了看台上人潮一动,能够掀起国旗的旋风。《义勇军进行曲》被印刷出来分发给球迷,为了 3 万球迷能够放声高唱:"中华民族到了最危险的时候,每个人都被迫着发出最后的吼声……"我认为,这样的心态是不正常的,小小足球维系不了我们的"国运"。从教练、球员到所有球迷都不能保持"平常心",这场比赛必输无疑。

足球的胜利是靠脚踢出来的,而不是靠嘴皮子吹出来的。中国是一个语言泛滥的国度,一位留学生朋友曾对我说过:"你们中国人,个个都是演讲大师。"从中央台的名牌球评员到胡同里的小学生,从大学教授到出租汽车司机,个个都有一套振兴足球的宏伟计划。一名巴西足球官员在中国旅游一圈,惊诧地说:"没想到中国人民的足球知识这么丰富,随便在街头巷尾跟一个人谈论,我都感到自愧不如。"然而,它的另一面却是:中国足球的现状令人沮丧。

北京几所大学的校园里曾贴出痛骂戚务生的标语。我认为,最重要的不是倒戚,而是端正对足球的心态。从球迷到传媒,先把足球当做足球来看。避免捧和骂,正视中国队的现状:中国队员不但水平差,而且不严格、不刻苦、不团结、不虚心。职业化仅仅是经济上的职业化,造就了一批"足球富翁",自身素质却远远没有职业化。花花公子般的球员,翻墙跳楼逃离警犬把守的海埂,出外吃喝嫖赌,早已成为不是秘密的秘密。古人求学强调"梅花香自苦寒来,宝剑锋从磨砺出"、"书山有路勤为径,学海无涯苦作舟",足球也是同样的道理。全国人民都在那里唇枪舌剑、津津乐道,球员却不肯"夏练三伏,冬练三九",那么千言万语只能吹出一个氢气球来,一升空便破碎了。

中国人太实在,以为踢赢一场球就能"振兴中华"了;中国人太聪明,以为足球是可以用嘴皮子来踢的。于是,中国人的球队屡战屡败,"万里长征"连一步也没有走完。

中国足球的希望只好寄托到下个世纪去了。但在这个世纪最后的两年里,我们也许能做到一件事:改变我们对这个小小皮球的思维方式。

与你共品
yu ni gong pin

　　本文选自《铁屋中的呐喊》,作者余杰。这篇杂文从1997年中国足球冲击世界杯的希望谈起,精辟地分析了中国足球的历史和现状,详细地指出了中国足球队员身上存在的弱点。也提出了我们在足球上存在的思维方式上的问题。作者尖锐地指出:"足球的胜利是靠脚踢出来的,而不是靠嘴皮子吹出来的。"对那些妙语联珠的足球评论家们提出了严厉地批评。"嘴踢足球"是对那些光说不做的人们莫大

我是世间的一粒尘埃

的嘲讽。阅读此文时,要注意体会杂文的特点,和作者对本民族的自我解剖和批判精神。

★找出第六段中,作者分析中国足球队现状的句子。从中看出中国足球队员的弱点是什么?

★如何理解第七段包含的深刻意义?

★文章结尾的最后一句中的"也许"一词能否去掉?为什么?

从孩子的照相说起/···鲁 迅

因为长久没有小孩子,曾有人说,这是我做人不好的报应,要绝种的。房东太太讨厌我的时候,就不准她的孩子们到我这里玩,叫作"给他冷清冷清,冷清得他要死!"但是,现在却有了一个孩子,虽然能不能养大也很难说,然而目下总算已经颇能说些话,发表他自己的意见了。不过不会说还好,一会说,就使我觉得他仿佛也是我的敌人。

他有时对于我很不满,有一回,当面对我说:"我做起爸爸来,还要好……"甚而至于颇近于"反动",曾经给我一个严厉的批评道:"这种爸爸,什么爸爸!"

我不相信他的话。做儿子时,以将来的好父亲自命,待到自己有了儿子的时候,先前的宣言早已忘得一干二净了。况且我自以为也不算怎么坏的父亲,虽然有时也要骂,甚至于打,其实是爱他的。所以他健康,活泼,顽皮,毫没有被压迫得瘟头瘟脑。如果真的是一个"什么爸爸",他还敢当面发这样反动的宣言吗?

但那健康和活泼,有时却也使他吃亏,"九·一八"事件后,就被同胞误认为日本孩子,骂了好几回,还挨过一次打——自然是并不重的。这里还要加一句说的听的都不十分舒服的话:近一年多以来,这样的事情可是一次也没有了。

中国和日本的小孩子,穿的如果都是洋服,普通人实在是很难分辨的。但我们这里的有些人,都有一种错误的速断法:温文尔雅,不大言笑,不大动弹的,是中国孩子;健壮活泼,不怕生人,大叫大跳的,是日本孩子。

然而奇怪,我曾在日本的照相馆里给他照过一张相,满脸顽皮,也真像日本孩子;后来又在中国的照馆里照了一张相,相类的衣服,然而面貌很拘谨,驯良,是一个地道的中国孩子了。

为了这事,我曾经想了一想。

这不同的大原因,是在照相师的。他所指示的站或坐的姿势,两国的照相师先就不相同,站定之后他就瞪了眼睛,伺机摄取他以为最好的一刹那的相貌。孩子被摆在照相机的镜头之下,表情是总在变化的,时而活泼,时而顽皮,时而驯良,时而拘谨,时而烦厌,时而疑惧,时而无畏,时而疲劳……照住了驯良和拘谨的一刹那的,是中国孩子相;照住了活泼或顽皮的一刹那的,就好像日本孩子相。

驯良之类并不是恶德。但发展开去,对一切事无不驯良,却绝不是美德,也许简直倒是没出息。"爸爸"和前辈的话,固然也要听的,但也须说得有道理。假使有一个孩子,自以为事事都不如人,鞠躬倒退;或者满脸笑容,实际上却总是阴谋暗箭,我实在宁可听到当面骂我"什么东西的"爽快,而且希望他自己是一个东西。

但中国一般的趋势,却只在向驯良之类——"静"的一方面发展,低眉顺眼,唯唯诺诺,才算一个好孩子,名之曰"有趣"。活泼,健康,顽强,挺胸仰面……凡是属于"动"的,那就未免有人摇头了,甚至于称之为"洋气"。又因为多年受着侵略,就和这"洋气"为仇;更进一步,则故意和这"洋气"反一调:他们活动,我偏静坐;他们讲科学,我偏扶乩;他们穿短衣,我偏着长衫;他们重卫生,我偏吃苍蝇;他们壮健,我偏生病……这才是爱国,这才不是奴隶性。

其实,由我看来,所谓"洋气"之中,有不少是优点,也是中国人性质中所本有的,但因了历朝的压抑,已经萎缩了下去,现在就连自己也莫名其妙,统统送给洋人了。这是必须拿它回来——恢复过来的——自然还得加一番慎重的选择。

即使并非中国所固有的罢,只要是优点,我们也应该学习。即使那老师是

我是世间的一粒尘埃

我们的仇敌罢,我们也应该向他学习。我在这里要提出现在大家所不高兴说的日本来,他的会摹仿,少创造,是为中国的许多论者所鄙薄的,但是,只要看看他们的出版物和工业品,早非中国所及,就知道"会摹仿"绝不是劣点,我们正应该学习这"会摹仿"的。"会摹仿"又加以有创造,不是更好么?否则,只不过是一个"恨恨而死"而已。

我在这里还要附加一词像是多余的声明:我相信自己的主张,绝不是"受了帝国主义者的指使",要诱中国人做奴才;而满口爱国,满身国粹,也于实际上的做奴才并无妨碍。

与你共品
yu ni gong pin

鲁迅先生这篇杂文与他以往那种辛辣的语言风格迥乎不同,全文写得活泼有趣,生动形象。文章采用说家常,谈闲天的方式从孩子的照相这种小事说起,发掘出缔造我国民族精神的重要主题,启发人们深入思考。鲁迅先生的这一主张,对当前我国的教育仍具有借鉴意义和反思价值。

个性独悟
ge xing du wu

★细读第九至十段,作者是如何批判我国国民的弱点的?

★作者最后的声明"像是多余的",其实是多余的吗?

★找出本篇中,你认为写得生动形象的句子。

★作者用语曲折,试举几例加以说明。

聪明人和傻子和奴才/···鲁 迅

慧眼识真金

奴才总不过是寻人诉苦。只要这样,也只能这样。有一日,他遇到一个聪明人。

"先生!"他悲哀地说,眼泪连成一线,就从眼角上直流下来。"你知道的,我所过的简直不是人的生活。吃的是一天未必有一餐,这一餐又不过是高粱皮,连猪狗都不要吃,尚且只有一小碗……"

"这实在令人同情。"聪明人也惨然说。

"可不是吗!"他高兴了。"可是做工是昼夜无休息的:清早担水晚烧饭,上午跑街夜磨面,晴洗衣裳雨张伞,冬烧汽炉夏打扇。半夜要煨银耳,侍候主人耍钱;头钱从来没分,有时还挨皮鞭……"

"唉唉……"聪明人叹息着,眼圈有些发红,似乎要下泪。

"先生!我这样是敷衍不下去的。我总得另外想法子。可是有什么法子呢?……"

"我想,你总会好起来……"

"是么?但愿如此。可是我对先生诉了冤苦,又得你的同情和慰安,已经舒坦得不少了。可见天理没有灭绝……"

但是,不几日,他又不平起来了,仍然寻人去诉苦。

"先生,"他流着眼泪说,"你知道的,我住的简直比猪窠还不如。主人并不将我当人;他对他的巴儿狗还要好到几万倍……"

"混账!"那人大叫起来,使他吃惊了。那人是一个傻子。

"先生,我住的只是一间破小屋,又湿,又阴,满是臭虫,睡下去就咬得真可以。秽气冲着鼻子,四面又没有一个窗……"

"你不会让你的主人开一个窗的吗?"

我是世间的一粒尘埃

"这怎么行？"

"那么,你带我去看去！"

傻子跟奴才到他屋外,动手就砸那泥墙。

"先生！你干什么?"他大惊地说。

"我给你打开一个洞来。"

"这不行！主人要骂的！"

"管他呢！"他仍然砸。

"来人呀！强盗在毁咱们的屋子了！快来呀！迟一点儿可要打出窟窿来了!……"他哭嚷着,在地上团团地打滚。

一群奴才都出来了,将傻子赶走。

听到了喊声,慢慢的最后出来的是主人。

"有强盗要来毁咱们的屋子,我首先叫喊起来,大家一同把他赶走了。"他恭敬而得胜地说。

"你不错。"主人这样夸奖他。

这一天就来了许多慰问的人,聪明人也在内。

"先生,这回因为我有功,主人夸奖了我了。你先前说我总会好起来,实在是有先见之明……"他大有希望似的高兴地说。

"可不是么……"聪明人也代为高兴似的回答他。

与你共品
yu ni gong pin

鲁迅先生的文章大都具有象征意义和辛辣的讽刺意味。文中的"聪明人""傻子"和"奴才"分别是三类人的代表。仔细阅读此文,体味作者旨在批评什么?

个性独悟
GE XING DU WU

★文中的聪明人、傻子、奴才是三类人的代表,说说他们都是什么样的人。

★本文采用象征手法写成。文中除了人物有象征意义,奴才住的黑屋子也有象征意义。说说它象征什么?

★你认为本文主要写哪个人物?作者主要在批判什么?

作文链接
ZUO WEN LIAN JIE

空 位／···孙 晗

教室墙边的拐角处挂着一张期末排名表,表中第一名的位子是空的,而第二名的里面却挤挤地写着两个人的名字。

"蓝泊湾"是她的外号,英文就是"NO.1"。因为她的文科特别好,作文拿过奖,还写着一手好字。

"佛斯特"是她的外号,翻译成英文就是"first"。她与"蓝泊湾"不同,她的理科出奇的优秀,在全省数学竞赛中夺得过二等奖。

她俩的家住得很近,从彼此的窗户就能看见对方,于是两人就成了明里暗里的竞争对手。

同学们都很奇怪,为什么第一名是空位呢?答案原来在这里⋯⋯

前天,班主任王老师把她们喊到了办公室,告诉她们,两人都拿到了总分487分的高分。起先她俩欢呼、跳跃,庆祝成绩还算理想,可接着王老师说,这次的全年级第一并不是她们,而是隔壁班的一位同学,他考488分。就这样,她们以一分之差与第一名无缘。王老师让她俩别难过,并提醒她们应该回家好好思考一下,究竟谁才是这次的全班第一,因为这才是当务之急。

　　她们哭丧着脸走出办公室。回家后，"蓝泊湾"哭了整整一天，而"佛斯特"连饭也没吃就把自己反锁在屋里。不知过了多久，"蓝泊湾"突然醒悟，这次的"第一名"到底应该是谁呢？她赶紧拿出刚刚发下来的试卷，开始分析。当"佛斯特"抬起头，看见对面的窗户亮起了灯时，老师的提醒便也促使她拿出试卷开始寻找失败原因。

　　第二天一大早，校门刚刚打开，她俩便急急忙忙地跑到王老师的办公室。刚进去，"蓝泊湾"就抢着说："王老师，第一名不该是我，我回家看过试卷，简简单单的整数加减因为我的粗心少写了一个'0'，这样，3分就被扣了……"还没等她说完，心急的"佛斯特"也抢着说道："不不不，不是那样的，王老师，你看我的卷子，普通的背书都写错字，真不应该。依我看，第一名应该是'蓝泊湾'的。""蓝泊湾"赶紧又说："不，像我们这样粗心的人怎么能当第一名呢？这样吧，我们并列第二，让第一名成为我们的目标吧！""嗯！""佛斯特"咬咬牙赞许地点点头。王老师微笑着，轻轻地拿起早就准备好的笔，把她俩的名字郑重写在了"第二名"上，并送给她俩一句话："永远要为空着的第一位而努力！"

　　于是，便有了开头的一幕。

【简评】 jian ping

　　"永远要为空着的第一位而努力！"这是多么耐人寻味的一句话。

　　人生没有100分，每个人都在为100分而努力。作者精心构思并刻画了两名为100分而努力的同龄人——"蓝泊湾"和"佛斯特"。这样两个因粗心而与"年级第一名"擦肩而过的同龄人，在老师的启发帮助下，终于明白了"凌绝顶永远是下一站"的道理。本文极富教育意义，作者告诫读者只有学会不断地超越自己，才能获得明天的进步，值得同龄人借鉴和学习。

落叶·感悟 / ··· 刘日礼

又是落叶时节,片片金黄的树叶幽幽地自枝头飘落,坠入大地的怀抱,化作春泥等待生命的又一次轮回……

拾起一片枯黄的落叶, 感受落叶季节隐隐的心跳, 任思绪在脉络中延伸……

伴随着春雷的一声炸响,嫩叶悄悄地自枝头冒出,走过翠绿的夏天,已成金黄的它在秋风的呼唤中,静静地走完自己默默的一生……这匆匆地来,匆匆地去,正如人生,不是么?

飘落了,没有任何叹息。短短的一生中,有风自肩头掠过,有云在身边飘过,有鸟在眼前飞过,有蝶在头上停留过。曾细细品味了二月的春雨,也曾沐浴了六月的红日,在它身上,有着阳光的气息,有着和风的呢喃及细雨的痕迹,还留着春的祝福,夏的微笑,秋的飘逸,为这世界抹上了纯真的色彩……也该满足了,世界上最美丽的事物都凝聚于一身。还企求什么呢?

然而,在这个灯红酒绿、纸醉金迷的世界里,无处不充斥着物质的欲望。生活在这个世界,人们时时刻刻都笼罩在死神张开的双翼下,于是,对死亡的恐惧,对名利的追求,急红了张张贪婪的脸,澎湃了无数颗躁动的心。在争权夺利中,人们不知不觉地失去了像落叶那样的平常心,不再感到满足,不再懂得珍惜;在勾心斗角中,人们那少年的率真与坦诚已渐渐被挤成小小的一团,最后被毫不在意地抛弃,永远停留在这成熟与虚伪交织的时空里……人们在追求荣华富贵的同时套上了一个厚厚的壳,忽略了身边美好的事物,任它在不经意间,从谈话中、指缝间,永远永远地逝去……

当岁月无声地在身上刻下沧桑的痕迹时,蓦然回首,功名利禄,皆如过眼云烟,只遗下一脸茫然和满腔深深的悔恨……

诚然,人生在世,虽不能流芳千古,但总该为后人留下些什么,正如落叶。然而,在实现目标的同时,我们应该像落叶那样,用一生的心血,将上天赋予的一切美好,凝成一个永恒的生命,这样才能无愧于自己,无愧于生命。珍惜现在的拥有吧!人生苦短,珍惜那份坦率与纯真;珍惜那青山碧水,幽深的小小院落,蜻蜓飞舞的池塘,飘动的萤火,涓涓的流水,斑驳的月影,悠扬的箫声和夜晚温暖的万家灯火;珍惜那绿树鲜花,轻雾里的空山,啾啾鸟鸣和纷纷落下的雪花;珍惜那无言的母爱,幽幽的亲情……生命仿佛一个巨大的箱子,将无穷的事物一件件地摆在人们面前;某个背影,某个欲言又止的神情……其中不乏美好的事物,我们怎么能任它就这样匆匆逝去了……

珍惜我们的拥有吧! 正如落叶把它们倒进记忆的酒瓶里,藏入地窖,多年后再轻轻打开,那悠久的香醇,足以醉倒众生……

【简 评】

历来对落叶的咏叹,多与悲秋连在一起。本文通过对落叶一生的剖析,将"不虚度年华,懂得珍惜"这一主题顺理成章地凸现出来。发人深省,引人深思。

文章写出了与众不同的一点,值得品味。

没有加糖的咖啡 /··· 周思思

咖啡这个名词,并不陌生,应该算比较熟悉,它的基本味道相信谁都知道,一个字——苦! 但一般都可以在这种味道上继续联想。

"喂,老板,来两杯咖啡。"凌对老板说,那口气是很熟的了。

没错,凌和芊经常来这家咖啡馆,在他们心情不好的时候一般都会来这里,这里是给他们的心灵以慰藉的地方,而且总是要两杯咖啡,两杯咖啡为他们制造出一种独特微妙的氛围。

咖啡馆的名字叫做 My angel,很有个性,也很好听的名字,而且无论是咖啡壶,杯子,糖匙,凳子还是桌子,上面都印有一个小小的展开翅膀的 angel,看上去很美,有一种很舒服的感觉。店老板是一对年轻夫妇,待人很热情也很真诚,有一个天使般的小女儿,亮亮的眼睛,小巧的鼻子,红扑扑的小脸,还有那笑起来如银铃般的声音,真的好可爱,也许这正是天使的所在吧。

两杯咖啡上来了,跟以往一样,凌先拿起一杯咖啡放在芊面前,然后往自己的那一杯咖啡里放了两匙糖。

外面下雨了,很冷。所以芊没有像往常那样端起咖啡就喝,而是把杯子贴在自己的脸上,看着湿湿的窗子发呆,咖啡暖暖的,让人感觉很好。

"凌,你知道我为什么喜欢不加糖的咖啡吗?"芊突然没头没脑地问了一句,像刚从梦境中醒过来,打破了持续了好一会儿的寂静。

"啊?为什么突然问起这个?"凌很奇怪。

"刚想到的,你只要回答就好了。"芊依然看着窗外跳跃的雨点。

"可是芊,我虽然很了解你,可你喝黑咖啡的习惯,我真的不知道还有原因。"凌说着,呷了一口咖啡。

"我告诉你吧,不加糖的咖啡很细腻,很温柔,虽然比较苦,但细细品味,会有淡淡的甜味,还有淡淡的清香,我很喜欢那种感觉,而且……"说到这里,芊停顿了一下,看着凌的眼睛。

"继续说啊。"凌喝着咖啡。

"它是生活的味道。"芊说完,开始喝咖啡,让那种暖暖的感觉一直存在。

最后一句话让凌愣了很久,终于对着芊点点头。

芊也对着凌微笑。

然后两人放下还有余热的咖啡杯,走出咖啡馆,突然觉得很轻松,也充实了许多。口中还有点苦苦的味道,就让它一直保持着吧。

不加糖的咖啡固然是苦的,因为它失去了甜的灵魂——糖,但它因此也就保留了咖啡的原味。

喝苦咖啡时要静下心来,驱逐一切喧哗与嘈杂,脑中没有杂念,一切都排除在外,仿佛世界都不存在,那样咖啡才会喝出味道。

生活也如不加糖的咖啡,有着浓浓的苦涩,但如果慢慢品尝,就会发现它不只苦的味道,还有酸,有甜,有辣……只不过前者是一切的基础,后者才是努力后的结果。

生活需要加糖的咖啡,那会显得丰富多彩,有滋有味。但更需要纯黑色的苦咖啡,因为生命要自己奋斗,生活要自己创造才有意义。

生命的每一分每一秒都像咖啡的味道,在品味的过程中不停地变幻着。

很喜欢这句话。

因为够经典,够真实。

我是世间的一粒尘埃

【简　评】
Jian　ping

　　这是一篇富有哲理的文章。只有细细地品过没有加糖的咖啡，才能体验出其中的味道。生活就像一杯没有加糖的咖啡，有苦，有甜，或许还有些酸，有些辣……你喜欢没有加糖的咖啡吗?细细地品尝吧，或许你也能从中悟出许多生活的道理。

咀嚼青橄榄

社会卷

花开不是为了花落，而是为了灿烂

如果你是对的，你的世界也是对的

一 分 钟

一分钟,可以用来微笑,对他人,对自己,对生活微笑。

一分钟,可以用来看路,观赏美丽的花朵,感受湿润的草地,或者欣赏清澈透明的流水。

一分钟,可以用来静静倾听,或者歌唱。

一分钟,可以紧紧握住他人的手,赢得一个新朋友。

一分钟,可以感受肩负的责任,等待的焦虑,忧郁的悲哀,失望的无奈,孤独的凄凉,失败的痛苦,胜利的欢乐……

一分钟,可以用来鼓励一个人使之不气馁,一分钟足以让人选择重新生活。

一分钟关注足以使儿子、父亲、朋友、学生、老师等感到幸福,仅仅一分钟便足以构筑永恒。

……

有人说过:"要把每一分钟都当成最后一分钟。"如果大家平时都能记住这句话,我们就会学会珍惜生活,珍惜每一分钟,让生命之钟记录你度过的每一分钟!

快乐阅读
kuai le yue du

家 书 / ···胡 凯

延叔喝完第一杯酒,雪花就柳絮般飘落下来。菊麻雀似的蹦进门,喊道:"哥来信了。"

延叔接过信又递给菊:"快拆开念念。"菊娘一脸惊喜地从灶间跑出,坐到靠墙的矮凳上,认真地仰起头。菊小心地拆开信,抽出薄薄的一张纸。

"我一切都好,只是钱不够用。春节路上挤,不回家过年了。"菊一字一顿念出,脸上的喜悦一点点地消失。

延叔有些不高兴,完了?菊淡淡道,完了。

延叔长长地"嗯"了一声,倒满一盅酒,咕咚喝下。菊娘一看延叔脸色不对劲儿,忙打起圆场:"收到信就好。伢子大学念书很忙,没工夫写许多话。"

菊问:"回不回信?"菊娘斜瞟一眼:"当然回。把家里事告诉哥,让他安心念书。"又喝一盅,瓶里的酒浅了些,延叔脸上也生动了些:"菊写,我说。"

菊趴到桌上,从书包里翻出两张稿纸,红通通的小手一把攥住笔杆裂开的圆珠笔。延叔叹一口气说:"告诉你哥,信已收到,钱过几天凑好寄去。叫他放心。"说完回过头:"我没什么说了。"菊娘心领神会,双手拢到围裙下,脸上漾出笑容:

"我说两句。对哥说家里的事都好。秋后老母猪生下九只猪仔。今年价好,涨到七块,有卖头。卖猪仔的钱还清了去年的债。"

"上个月,那只老黑母鸡被隔壁仔崽打断了腿。我心痛了几天,找到村上张兽医,他说不碍事。现在果真好了,只是有点跛。"

延叔腮帮子一鼓:"说这些干啥?菊,天冷了,叫你哥要当心自己,免得你娘挂念。告诉他家里人身体都好。"菊娘赶紧插上,"我就是晚上困不着,胃老是痛。叫哥在学校要吃饱吃好，想吃啥就吃啥。不要让人笑话咱。"菊烦了："哥是大学生，这点儿事都不懂？"

延叔把酒沥下，不够一盅，只好慢慢喝。边咂嘴边说："菊，把你的学习情况对你哥说说。"

菊咬起下唇，写道："上次期中考试我第一名，得了一张奖状和一支钢笔。娘还蒸了鸡蛋给我吃。那支笔很漂亮，我舍不得用，收在枕头底下……大学里也发奖状吗？你也要好好学习，争取得到奖状，让全家都高兴高兴。"

菊写好抬起头，延叔收回盯着菊飞快移动的小手的目光，倒放起酒盅。菊娘就站起去灶间盛饭。延叔又想起来什么，叫菊接着写：

"前两天，上面分来救灾衣服。队长说你有出息，特地分给我们家一件半新的呢子大衣，让你回家过年穿。腊狗说式样还挺流行，城里都时兴。你不回家我就托人寄去。"

菊娘端出饭，也突然想起什么，叫菊再加上几句："娘初一到后山庙里替你求了支签，签上说你有小灾损，要切切注意。"

菊嚷嚷起来："没纸写了。"延叔见写满了密密麻麻的三大张，说："就不写了。"菊娘便说："对。你哥不相信这些。再说，写多了他没时间看，他的信就那么短。"

延叔端起饭碗扒拉了几口，又放下，仿佛心里有什么东西哽着。拿起那薄薄的一张，延叔瞪着眼前没了热气的几碟菜，硬邦邦地甩出一句："重写一封。"正在有滋有味嚼饭锅巴的菊愕然睁大眼睛，随即就按延叔的话庄重地写好第二封信：

信收到。钱就寄。

与你共品
yu ni gong pin

　　文题"家书"有双重含义，既指大学儿子写给父母的信，也指延叔一家写给大学生儿子的信。作者巧妙地把"大学生"的行为与父母亲的关怀形成鲜明的对照。使"大学生"自私、冷漠的形象跃然纸上。文章主题鲜明，读来引人深思。

咀嚼青橄榄

个性独悟
ge xing du wu

★第一段中,"……雪花就柳絮般飘落下来"一句景物描写的作用是什么?

★试分析文中大学生的形象。

★文中大学生的做法显然是让父母伤透了心,我们作为学生的,应该如何对待自己的父母呢?

快乐阅读
kuai le yue du

唉!我的农民兄弟/···于 由

有些中性的甚至褒义的概念在特定的时代、特定的地方会变成很难听的骂人话。元朝时"汉人"就不是光荣称号,"南人"(南方人)更是等同"贱民";近代在洋人治理的租界,"华人"竟与"狗"并称;建国以后,"富农"(富裕农民)成为比过去的"穷鬼"还糟糕的称呼。而在 20 世纪末,"农民"也成为贬义丰富迅速流行的骂人语。印象很深的是,中央电视台"东方时空"栏目五周年直播节目中,崔永元转述了一位网友的发言,开头一句就是"CCTV 网站这帮农民"。网站太慢,与农民何干?

世纪之交中国的都市大都在交通要道或繁华地段悬挂巨幅招牌,上书"开放的××欢迎你"。"开放的××"欢迎的"你"包括投资者、旅游者、高科技人才,以及港台的歌曲,韩国的服装,美利坚的电影和橙子,等等,可谓包罗万象,但有一样是严格控制数量并征收"惩罚性关税"的,那就是农民。

尽管农民包揽了城里人宁肯坐着也不肯干的最脏最苦最累的活儿,尽管农民在城市里最胆小怕事最唯唯诺诺,尽管农民在街上只占两脚之地,住一床而已,但城市仍旧把他们与城市的下岗、肮脏、犯罪、拥挤联系在一起。

想让他们离开城市当然不只是个意念，而是有一整套招法。最"亲切"的一招是"吓"，除了"大盖帽"，很多市民也常用这一招。他们看到农民一般是蔑而远之，掩鼻而去。远不了也去不得时，比如在公共汽车上，便常常声色俱厉地旁征博引地指桑骂槐，让那些一身汗味土味的农民不知所措。去年，在老家有头有脸的三个年轻人来京看病，在公共汽车上被一个老太太教训道，"你们这些农民不好好种地乱跑什么"，如此这般的数落到下车走远为止，吓得他们不敢再坐公交车。最"法治"的一招是"宰"，当然不是"私屠乱宰"，"宰"的都是"经检疫合格"将获得"三证"、"四证"者，而割下来的肥肉就是数以百元计的办证费。当然，无论情愿被"宰"的农民在城市"挨宰"多少年，他们的证件永远带个"暂"字。一个中国公民到异国居留多年，有可能获得永久居留权和相应的福利待遇。但在中国境内，同一宪法辖区，数以千万计来自农村的打工仔打工妹在一个城市"挨宰"50年都可能没有"国民待遇"，社会保障还是老家的几分地，在城市里除了交租、交税和服从当地一切部门的一切管理之外，没有选举权和被选举权，也没有失业救济、医疗保险，最低生活保障，更没有工作调动、户口迁移、解决两地分居之类权益。最"高效"的一招是"撵"，当城市想清静时，想化妆美容时，想 Party 时，想给"自己家里人"分配"饭碗"时，"撵"字立即用上，而且用得坚决，用得有力，以至于民工们走在祖国宽阔的大街上时，必须小心带好所有证件，否则一旦被查出少一证，就会立即被撵走。

都市的电视台经常播放拆除棚户区、强行遣返证件不全的农民的新闻，并配上"大快人心"这类评语。如果说为政府此举一致叫好的市民本来就是"姓""市"的话，那么媒体的"档案"中的"性别"、"成分"和"信仰"等栏目都应该如实填写为"城市"，尽管媒体偶尔会宣传"农业是根本"，尽管一些在媒体上露面的高贵人士偶尔也会说："我是农民的儿子。"

与你共品
yu ni gong pin

　　读完这篇文章，让任何一个有良知的人都不由心情沉重。曾几何时，生活在自己国度的农民成了"二等公民"，像那些生活在种族歧视的环境中的受到了"身份歧视"。留心一下我们的媒体，进城的农民受到不公平对待的事例是时有发生。作为一个对社会将肩负起自己责任的中学生，你思考和关心过这一社会问题吗？

个性独悟
ge xing du wu

★第二段居然把农民和服装、橙子相提并论，而且还连橙子都不如，要收"惩罚性关税"，你怎样看这种写法？

★最后一段出现了两个"尽管"，你怎样看这两个尽管？

快乐阅读
kuai le yue du

聚　会／··· 白小易

聚会前一天他很精心地计算了路程和时间，打算比约定时间只晚一两分钟到达聚会地点。这样既不会到得太早，显得自己太迫切，又不会是最后一位，而让老同学们说他傲慢。有意思的是，组织者在请柬上写的是"18年再聚首"。毕业17年，就连最简单的加减法都忘了？也难怪，这可不是一般的17年。"要发"可以说是这些年的主旋律嘛。

他把自己的衣服都试了一遍，然后跑到街上买了一身西装。回家就藏了起来，免得老婆开玩笑。第二天自己对着镜子穿上，又觉得太新，太郑重。脱下来努力弄了一些褶皱，起码看上去像穿过几天的。

临出门又犯了思量：怎么去？平时他去哪儿都是骑车的。那自行车就跟他的脚似的。可今天骑车是不是显得太寒酸了？听说同学中已经有人拥有私家车，混上公车坐的更该比比皆是了。骑着自行车去，岂不自取其辱？潇洒地打了一回车。到了那儿却又弄得心里挺窝火——本次聚会的东家,同学里惟一的那位大款,不但是骑了自行车来的,而且那破车子只有一只半脚蹬。

与你共品
yu ni gong pin

小说所描述的聚会,在一般人看来是无意义的琐事,但经作者绝妙地调侃了一番,焦点一聚,那亮点就显现出来了:借聚会的故事,把国人死爱面子的"祖传"毛病概括无遗了。

在小说中,作者几乎没描写聚会过程,而是巧妙地对"他"参加聚会前的心理活动进行了一番细致入微的描写。通过这种有层次的心理活动描写,入木三分地刻画出人物的内心世界,表现其思想性格,恰到好处地表达了小说主题。

小说的结尾出人意料又耐人寻味,具有很强的讽刺意味,而作者对"他"这种人的态度也通过讽刺鲜明地表现出来了。

个性独悟
ge xing du wu

★"到了那儿却又弄得心里挺窝火"中的"窝火"一词的意思是有烦恼而不能发泄。"窝火"的原因是什么?

★小说以出人意料的情景而使"他""心里挺窝火"结尾,让"他"这类追求虚荣的人遭挫折,闹笑话,从而表现作者的什么态度?

★小说仅写聚会前,全文完也并没有写聚会进程,这是否跑题?为什么?

飘落的广告单 / ··· 韩研妍

　　桥头，一个60多岁的老太太捧着一叠产品宣传单，一张张地发给骑自行车或过路的行人。

　　老太太的脸上没有任何表情，她木然地望着来往的路人，一只手机械般地摆动着——她已经在那里站了很久、很久了。

　　一张广告单塞到一位穿着入时的小伙子手里，小伙子说："噢，我不需要。"老太太像没听见似的，只顾着发。只见小伙子用手轻轻一弹，那张白纸黑字的广告单便飞起来。

　　一个学者模样的中年男子，骑着自行车过来了。老太太照例发给他一张，中年男子没有接到，老太太已经松手了，又一张广告单扔到了地上。

　　过了一会儿，一位年轻的母亲带着一个三四岁的孩子骑车过桥。老太太抽出一张广告单想放在车篓里，但手却碰到车龙头上。年轻的母亲"呀"地叫了一声，自行车摇晃了几下，随着一句"讨厌！"一张广告单悠然飞落……

　　不远处，一个男清洁工一边扫着地上的广告单，一边喃喃地骂着什么，那飘落的广告单几乎覆盖了桥面。就这样，老太太"扔"完了广告单，拎着空人造革包正要走，一个二十八九岁的小伙子风风火火地来到了老太太的身边："妈——你怎么呆在这里呀？"老太太闻声绽开了笑脸："儿呀，我呆在家里闷得慌，不如出来发发广告单，还能挣点儿钱花呢！"小伙子看着满地的广告单说："妈，您这不是灯草儿架桥——白搭吗？"老太太摇着脑袋道："唉，反正发完了拿钞票。"她儿子点点头说："这倒也是。不过——"

　　忽然，小伙子像想起了什么，从地上捡起一张印满脚印的广告单，他马上愣住了。半晌，儿子才大叫起来："我的妈呀——这是我承包的工厂，花了几千元给广告公司印发的产品广告单呀……"

与你共品
yu ni gong pin

　　这是一篇新奇而颇有讽刺意味的小说。一位想挣零花钱的老太太无动于衷地向路人发广告单，路人没一个需要，也没一个接，于是广告单"发"完，地上也盖满了飘落的广告单。谁知这些广告单竟是自己儿子承包的工厂花几千元请广告公司印的产品介绍。原来老太太赚的是儿子的钱，糟蹋的也是儿子的钱。小说讽刺了那种只追求花架子，不讲究实际效果的行为。这无疑是有很强的现实意义的。

　　小说情节富有戏剧性，大量篇幅用于写老太太发广告，只在最后借儿子偶然出现才揭示真相，使人恍然大悟，形成高潮，令人回味。

个性独悟
ge xing du wu

　　★年轻母亲的一句"讨厌"是针对什么的？

　　★儿子说的"妈，您这不是灯草儿搭桥——白搭吗？"是针对什么说的？

　　★儿子听了母亲"反正发完了拿钞票"后，说"这倒也是"，这一句话表明什么意思？

快乐阅读
kuai le yue du

影　子/···[波兰]普鲁斯

　　每当太阳在天空中消失，夜幕便降临在大地上。黄昏——这黑夜的大军，具有不可胜数的军团和亿万的士兵,这支强大的军队,从远古的时代起就和世界和睦相处,清晨匆匆离去,傍晚凯旋而归,从日落到日出主宰着世界。白天如同一支溃败的军队躲藏在隐蔽所里,等待着。

从山岩峭壁之下和城里的地下室里,在森林密布的深处和在湖泊的深底下,这支黑夜的大军在等待着。它藏身于大地的千古岩洞中,藏身于矿井、阴沟、房屋的角落和残垣断壁之中,等待着。它化整为零,仿佛已消散殆尽,但是却挤满了所有的隐蔽之处,树上的每一个小洞,身上衣服的每一条折褶,都是它的藏身之地。它躺在颗颗细小的沙粒之下,就连最纤细的蜘蛛网上也不放过,它在等待着。它从一个地方惊惶逃走,转瞬之间便到了别处藏身,而且不惜采用一切手段,以便能回到它被赶走的地方,占领过去尚未占据过的地区,而把整个大地铺满。

每当太阳西下,黑暗的大军便以密集的队形从自己的隐身之处,悄悄地、谨慎地走了出来,涌进了房间的走廊、前厅和照明暗淡的楼道。它从橱柜和书桌走出,来到了房间的中央,它穿过窗帘、地下室通道和窗玻璃,渐渐移向了大街。它一声不响地向墙壁和屋顶展开进攻,占领了顶峰,它耐心地抗争着,直到西方出现了玫瑰色的云彩。

再有一刻,整个大地和天空便会突然被黑暗所笼罩。牲畜便会返回厩圈,人们会回到家中。生活有如缺水的植物便会枯燥无味,而开始枯萎。色彩和形体都已模糊不清。惊恐、犹豫和胡作非为将占领世界。

就在这样的时刻,就在华沙的行人稀疏的街道上,出现了一个奇怪的人影。他头上高举着一支小火把,在人行道上匆匆走去,仿佛黑夜在召唤他似的。他在每盏路灯下面停留一会儿,点燃了欢快的亮光,随即又像影子似的消失了。

日复一日,年年如是。无论是春天的田野充满花朵的芬芳,还是七月的暴风雨在逞威,或是秋风在街上喧嚣和掀起尘土飞扬,抑或是冬天的雪花在空中飞舞,只要是夜幕一降临,他就手持小火把,奔走在人行道上点亮路灯,随后又像影子一样地消失。

点灯人,你从哪里来?你在何处栖身?我们从未看清过你的身躯,也未听到过你的声音。你有没有妻室或母亲在等待着你回家?你有没有孩子,他们便把你的提灯放在屋角里,然后便爬到你的膝上,抱住你的脖颈,你有没有能向其倾诉欢乐和苦闷的朋友,或者至少能与之谈谈日常见闻的熟人?

你是否有自己的住所?我们能在哪里找到你?还有你的名字,我们怎么称呼你?你是否也有和我们一样的要求和感情?难道你真是一个无形无体、沉默不言而又不可捉摸的人吗?难道你只是个在黄昏出现,点亮路灯,随后便像影子一样消失不见的人吗?

有人告诉我,你确实是个人,还把你的地址告诉了我,我来到了那所房子,便向房管员问道:

"那个点燃煤气路灯的人是住在这里的吗?"

"是住在我们这里。"

"哪套房子?"

"就是那边的那间小屋。"

房门上了锁。我从窗口朝里一望,只看到墙边有一张床,床边有一根长木棍,上面挂着那盏提灯,里面却没有那个点灯的人。

"请你至少告诉我,他长相如何?"

"谁知道他哩!"房管员耸了耸肩膀,回答道。"我自己也不大认识他,白天他从来也不呆在房间里。"他补充了一句。

过了半年,我又第二次来到了那所房子。

"点灯的人今天在家吗?"

"啊! 不在! "房管员答道:"而且永远也不会再有他了,他死了,昨天才下葬的。"

房管员陷入了沉思。

我问了他几个细节,便向坟场走去。

"掘墓人,请你告诉我,那个点灯人埋在什么地方?"

"点灯人?"他重复了一下:"谁知道他埋在哪里?昨天埋葬了 30 个死人。"

"不过,他是埋在最穷的人那个区域。"

"这样的穷人昨天就埋了 25 个。"

"他的棺材是本色,没有上过漆。"

"这样的棺材昨天就抬来了 16 副。"

就这样,我既未见过他的相貌,也不知道他的姓名,就连他的坟墓也不知道。他生前死后都是一样:只是黄昏时刻的一个模糊不清的人影,默默无言而又像影子一样捉摸不定。

不幸的人往往在人生的黑暗中摸索前进,有的为职业而操心,有的却堕入深渊,谁也不知道确切的道路。不幸的意外事件、贫穷和仇恨追逐着那些充满迷信偏见的人。点灯的人也是人生黑暗道路上的匆匆过客,他们每个人都把小火炬高举在头上,每个人都在自己的小路上点燃灯光,活着时无人知晓,工作不受到重视,随后便像影子一样消失。

与你共品
yu ni gong pin

　　这是一首小人物的挽歌,作者用深情的笔触、现实主义的精神,对社会底层人士的不幸命运,寄予了无限的同情。

　　文章采用第二人称的手法,在询问中充满了关切,也增强了作品的抒情气氛。生动的环境描写渲染了一种忧郁沉闷的氛围,这既是具体的自然环境描写,也折射出当时的社会现实,与文章整体的格调水乳交融,更为感人。文中对比的运用,更深化了主题,突出了人物。点灯人真的无名无姓吗?但他活着时无人知晓,工作不受到重视,出现时像影子一样,消失也像影子一样,似乎可有可无。因此作者以"影子"为题,含义深刻。

个性独悟
ge xing du wu

　　★"就在这样的时刻,就在华沙的行人稀疏的街道上,出现了一个奇怪的人影。"此句在结构上起的作用是什么?

　　★在文中选出一句最能表现作者对社会底层人士不幸命运的无限同情,又饱含着对社会强烈不满的句子。

快乐阅读
kuai le yue du

哲学家皇帝 / ··· 陈之藩

　　到此做工已半月，不像是做工，像是恢复了以前当兵的生活。如果我们中国还可以找到这样紧张的工作，那只有在军队里了。同事里有从韩国刚当过兵回来的，有远从加州大学来的学生。我问他们，美国做工全这样紧张吗？他们异口同声地说："这里可能是最轻闲的。"

　　如不置身其中，可能怎样说也不容易说明白。一日，在日光下整整推上8小时的草，或在小雨中漆上8小时的墙，下山以后，只觉得整个人已瘫下来，比行军8小时还累。

　　今天下工后，已近黄昏，我坐在湖边对着远天遐想。这个环境美得像首诗，也像幅画。大匠造物时，全用蓝色画成了这个"太平湖"。第一笔用淡蓝画的湖水；第二笔加了一些颜色，用深蓝画出青山；第三笔又减去一些颜色，用浅蓝画出天空来。三笔的静静画幅中，半躺着一个下工后疲倦不堪的动物。我想整个美国的山水人物画，都可以此为代表。

　　虽然，眼前景色这样静，这样美，但我脑筋中依然是这一日中，同事们的紧张面孔与急促步伐的影子。我的脉搏好像还在加速跳动。我昏沉沉的头脑中得到一个结论："这样拼命地工作，这个国家当然要强。"

　　中学生送牛奶，送报；大学生出苦力，做苦工，已经是太习惯了的事。这些工作已经变成了教育中的一部分。这种教育是让每一个学生不由自主地知道了什么是生活；也知道了什么是人生。所以一个个美国孩子，永远独立，勇敢，自尊，像个哲学家帝王。

　　希腊哲人，想出一种训练皇帝的办法，这种办法是让他"从生硬的现实上挫断足胫再站起来，从高傲的眉毛下滴下汗珠为赚取自己的衣食"。这是做帝王必经的训练,可惜欧洲从来未实行过这种理想。没有想到,新大陆上,却无形中在实践这句话,每一个青年,全在无形中接受这样皇帝的训练。

做卑微的工作,树高傲之自尊,变成了风气以后,峥嵘的现象,有时是令人难以置信的。耶鲁大学有个学生,父亲遗产30万美金,他拒绝接受。他说:"我有两只手,一个头,已够了。"报纸上说:"父亲是个成功的创业者,儿子真正继承了父亲的精神。"

青年们一切都以自己为出发点,承受人生所应有的负担,享受人生所应有的快乐。青年们的偶像不是叱咤风云的政治家,而是勤苦自立的创业者。富兰克林自传,是每个人奉为圭臬的经典。

我们试听他们的歌声,都是钢铁般的声响的:

  ——人生是一奋斗的战场
  到处充满了血液与火光
  不要做一甘受宰割的牛羊
  在战斗中,要精神焕发,要步伐昂扬
       ——郎法罗

我很钦佩在绿色的大地上,金色的阳光中,一个个忙碌得面颊呈现红色的青年。

然而,我在湖边凝想了半天,我总觉得,这个美国青年画幅里面还缺少一些东西。什么东西,我不太能指出,大概是人文的素养吧。我在此三四个月的观感,可以说:美国学生很少看报的。送报而不看报,这是件令人不可思议的事。

哲学家皇帝,不仅要受苦,还要有一种训练,使他具有雄伟的抱负,与远大的眼光。可惜这一点,美国教育是太忽略了。忽略的程度令人可哀。

爱因斯坦说:"专家还不是训练有素的狗?"这话并不是偶然而发的,多少专家都是人事不知的狗,这种现象是会窒死一个文化的。

民主,并不是"一群会投票的驴";民主确实需要全国国民都有"哲学家皇帝"的训练。在哲学家皇帝的训练中,勤苦自主、体验生活那一部分,美国的教育与社会所赋予青年的,足够了;而在人文的训练上却差得太多。

晚风袭来,湖水清澈如镜,青山恬淡如诗,我的思想也逐渐澄明而宁静。

天暗下来,星光,一个一个的亮了。

我是世间的一粒尘埃

与你共品
yu ni gong pin

　　文章阐述了美国的教育与社会所赋予美国青年的独立、自尊、勇敢、创造的精神,同时也指出了美国青年缺乏人文素养。那么,目前中国的教育最缺乏的是什么呢?作者给我们提出了这样一个严肃的思考题。

个性独悟
ge xing du wu

　　★美国教育造就了怎样的人才?作者列举了哪两个事例来证明美国教育造就了这样的人才?

　　★作者引用诗人郎法罗的诗句,目的是什么?

　　★爱因斯坦说:"专家还不是训练有素的狗?"你怎么理解这句话?

　　★作者认为美国教育缺乏人文素养的培训,那么你认为目前中国教育最缺乏什么?

快乐阅读
kuai le yue du

心　弦/···江　虹

　　已经是深秋了,宽阔的长安街两旁的人行道上,洒满了金黄的落叶。

　　我不知道自己这样漫无边际地来回走了多少次,不知不觉中,沉沉的暮色已在眼前弥漫。我也走乏了,便到寄存处取出自己的自行车,朝家骑去。

　　车到胡同口，我忽然停下来，迷蒙的暮色中，隐隐地传来一阵忧伤的琴声，柔弱、悠长、饱含着深情，使凄苦、寂寞了一整天的心，似乎一下子找到了知音。循声望去，墙角的阴影里，坐着一个失去了一条腿的卖艺人，弯曲的独腿上，一把破旧的二胡在他肮脏、粗糙的双手下颤抖，发出凄婉的乐声，他头低得极深，全然忘却了身边的一切，只沉醉于梦幻般的琴声里。我猛然记起，他在这里拉琴已经有一段时间了，那还是夏天，我肯定不止一次地路过他身边，为什么今天，他的琴弓拨动了我的心弦呢？

　　上午，我接到女友的来信，寥寥几笔提到另一位朋友的死讯，说是出了车祸。接着便是发牢骚，房子小、东西贵，丈夫又不体贴等等诸如此类的话。不知为什么，这一切令我十二万分反感，其实，写信的人是我的好朋友，而信中提到的死者不过是曾在同一个队共同生活过的战友。我甚至记不起自己同她是否讲过话，但我记得她，记得她那甜甜的笑脸，记得她那健康、美丽、活泼的身影，记得她那散开来像黑缎子般闪亮的秀发。一句话，我记得她整个年轻而秀美的生命。我已经 27 岁，对死亡该不是太陌生，可这个女孩子的死却使我久已麻木的心受到了震动。整整一天，我心情郁闷，无所适从。女友的信我没有读完，那早已听惯的抱怨令我有一种无法忍受的反感。我试图和办公室的同事们谈谈那个姑娘的死，又无从谈起，谁会对一个陌生人的死有兴趣；我又试着给每个过去的战友打电话，可我恨自己那么轻描淡写地提到了一个姑娘的死。早早请了假，无目的地走在长安街上，任双脚去踏清那萦绕心中的千头万绪，直到黄昏。

　　现在，面前这个残缺不全，肮脏丑陋的人和他那凄楚哀怨的琴声，使冷寂的心猛然活了过来。我似乎一下子找到了自己整整一天没有找到的东西——过去曾经有过而又丧失了的人与人间的同情、理解和爱心。随着岁月的流逝，我渐渐变得自私，不再关心别人，只知道贪图自己的温暖和舒适，只知道关心那些对我有用的人，甚至对于同类的死也变得无动于衷，我学会了只爱自己，而不再像青春时代那样去爱所有的人，爱美好的生命，这一切……现在我明白了，自己为什么会为一个姑娘的死这样痛苦、愁闷，我暗自庆幸自己那还没有完全僵冷的心。我怀着感激之情再一次凝视着拉琴人，谛听他那充满了柔情、伤感、充满着爱和渴望的琴声，我好像经受了一次洗礼，又好像从沉梦中惊醒，我默默地谢过他。重新骑上车，汇入滚滚的人流中。几天前，一个朋友约我一起去看望一个失恋的女友，说她十分痛苦，而那天我正忙着去买一件时髦的连衣裙，便托辞拒绝了，现在我要去，对着这匆匆忙忙不知奔往何处去的人们，我真想大声呼喊：人们，不要只爱你们自己！

与你共品
yu ni gong pin

　　作者通过卖艺人忧伤的琴声奏出的生活的艰辛，战友车祸致死，旁人的无动于衷，表现了人与人之间的一种冷漠关系，读来令人深感痛心。文中提到一位感到丈夫不体贴的女友和一位失恋的女友，起到推波助澜的作用，使文章主题更为突出。本文含义深刻，阅读本文，我们应明白：应该将"爱心"洒满这个世界，让世界充满爱。

个性独悟
ge xing du wu

　　★"我不知道自己这样漫无边际地来回走了多少次"，什么原因使作者这样"漫无边际地走"？
　　★文中叙述的哪件事表明作者"久已麻木的心受到了震动"、"冷寂的心猛然活了过来"、"庆幸自己那还没有完全僵冷的心"？
　　★作者为什么要对人们大声呼喊"不要只爱你们自己"？请谈谈你的认识。

咀嚼青橄榄

看绿/···赵大年

不知自何日始，我时常凝望那绿色的窗口。

停笔遐想的时候，吸烟小憩的时候，追索记忆的时候，推窗通风的时候……不知不觉地养成了习惯，总要举目眺望那绿色的窗口。

我像在沙漠里发现了绿洲。自己也觉得奇怪，这是为什么呢？

"瞧，多么清新爽目！"

我把妻子拉到阳台上，指着对面四层楼中间镶嵌着的绿窗。

"那是谁家？养这么多花儿！"

"不是花儿。我细看过了一百次了，除了绿，什么别的颜色也没有。"

她也注视着："还是有不同的颜色。"

"绿也有浓淡老嫩、深浅明暗，很多层次哩。你细看，有淡绿、油绿、墨绿、翠绿、碧绿、鹅黄绿、鹦鹉绿……"

她笑了："你果然看得很仔细！能区分出这么多不同层次的绿色来。"

妻子是医生，她望着那绿色的窗口，沉吟半晌，武断地说："那家的主人是个眼科大夫。"

"你认识？"

"不。因为看绿可以明目，眼科大夫就提倡看绿。"

这次短谈之后，妻子下班回家时，也常陪我站到阳台上看绿。除了那绿色的窗口，我俩还争着发现"新大陆"。瞧，公路边新植的杨柳、国槐；邻居四合院里的枣树、榆树、葡萄架；簇拥着北海白塔的青松、古柏；环绕着中南海的合欢和银杏。只要用心寻觅，北京城里也不乏绿洲。

妻子还进一步告诉我："看绿，特别是极目远眺那郁郁葱葱的绿洲，可以治疗我的近视眼,甚至还能预防视疲症,陶冶性情,延缓感情的老化!"她有根有据地说着:"绿色代表和平,代表信使和希望,生命之树常绿嘛! "

北京众多的平房四合院,全是灰色的。新建的大批楼房,除了水泥的本色便是红砖清水墙,外形又大都像一些火柴盒。朴素而不可爱,或者应该说是单调、呆板,实在难看。因此,我坐在这鸽子笼一般的单元楼房里,终日伏案笔耕,头昏脑涨,也很少走到阳台上去看看风景。唉,北京城啊,风倒常有,景却不多。现在不同了,自从发现了许多绿洲,又懂得了看绿的好处,我的眼睛也就找到了目标和寄托;我的思绪也长上了绿色的翅膀。

我仍在时时猜测那绿色的窗口。它的主人究竟是谁? 摆满窗台的大盆小盏,到底栽种着什么植物? 我细细地审视,又发挥着文学的想像力,才作出了初步判断:那亭亭如盖的几盆,一定是伞竹;那披散着长发的美人头,大概是吊兰;那阔叶而闪光品种,多半是万年青;那如烟似雾的细丝,只能是文竹……而它们的培育者,却铁了心似的昼夜藏在绿叶掩映的室内,从不露面。他真的会是一位眼科大夫吗? 我宁愿相信他是一位画家。不,假若她是一位绣娘,天天凭窗刺绣绿色的锦缎,不更富有诗意么? 或者她是一位绿衣绿车的邮递员,每天凌晨给诸盆绿宝浇过水,就匆匆赶去上班,给家家户户送信送报……

也许是受到了绿窗的启发,妻子下班时常常买一两盆仙人掌或仙人球回家,摆在我书桌前方的窗台上,使我这个苦行僧抬眼见绿。日积月累,窗台摆满了,就扩展到阳台上去。我叫不出它们的名字,大概是霸王鞭、狼牙棒、青铜锤之类的吧,既不文雅,又不好看,而且浑身长满了刺儿。我就索性把它们统称为刺头。妻子为何偏爱刺头呢? 原来我这人很懒,写起文章来就忘了干家务,当然更记不得按时给水仙之类的娇嫩花卉换水喽;加之我家的阳台向北,一年四季见不着阳光,好比阴山背后,实在不配叫做阳台,而应该叫阴台,所以只好摆置这些耐风旱的、生命力极强的玩意儿。不过,这些刺头儿虽然长相不美,却也都是绿色的生物。目的既是看绿,也该一视同仁嘛。

对面的绿窗,却是向阳的。我真有点儿嫉妒了。

这天上午,秋风送爽,真是好运气,对面绿窗的主人走到阳台上来了! 我赶紧跑到自家的台上,隔着几十米,向他行注目礼。原来他是个须发全白了的老人,花甲? 古稀?也许更老一些。他扶着女儿墙,步履蹒跚地在阳台上走了一圈,看不清是喘气还是叹气,对屋里说了两句话,就捶着前胸咳嗽了好一阵子。此后,一连数日,都看见三两个青年男女,在那阳台上安装立柱、窗棂和玻璃,以五楼的阳台底座为天花板,以四楼阳台的女儿墙为支撑,将那不足 4 平方米的小小阳台,巧妙地改造成了一间三面窗的"北京式亭子间"(请多多原谅,我实在叫不出它的名称)。

一定是因为冬之将至,才提前为那些可爱的绿色生物搭个暖阁子呀!我真佩服老人家爱绿的心计。

果然,那些大盆小盏的伞竹、吊兰、万年青、文竹、蟹爪莲、君子兰全被搬迁到暖阁子里来了。那绿色的窗口,发展成绿色的玻璃温室了。这里好!阳光更充足,天地更广阔,喷水更方便,冬天又能遮蔽风雪,好处说不完。而且,假如玻璃窗上结满冰花,那温室里的绿色一定更好看!

它使我浮想联翩。庐山茶场满坡的云雾茶林,广州植物园里擎天的大王椰,内蒙古一望无垠的千里草原,洞庭湖畔"接天莲叶无穷碧"的迷人景色,它们都是绿色的王国啊!北京人为何不肯搬到那里去呢?偏偏要拥挤在这喧嚣的大都市里?

它使我以绿会友。虽然相形见绌,我也情不自禁地把各种刺头,全都搬到了阳台的女儿墙上,遥相呼应,以期那位绿屋老人往我这边多看几眼。

然而,老人家瞧不起我的刺头,并不肯推开窗扉,将他那银白须的脑袋探出来几分钟。不过这并不妨碍我与他老人家的友情,我仍然得到了若干心理上的满足,因为每天都能窥见那颗皓首如银的老人头,在美人头一般的吊兰丛中晃动几次。

这几天,忽然看不见那位浓绿丛中的白发老人了,难道他是怕冷,缩回了供有暖气的卧室,就忍心不再出来给各种植物浇水、松土、施肥了吗?难道他外出了,到儿子或女婿家中去小住几天,饱叙天伦之乐?难道他生病,卧床不起……唉,那绿窗,那绿色的"北京亭子间"竟然干扰了我的文思,常常辍笔难书。

我向妻子央告了:"你是医生,就不能主动去看看对楼绿窗里的老人家吗?我猜他是病倒了!"

"原来你还不知道?那个白发老头儿故去了。"

"啊?怎么会!"我急得语无伦次了,"他那亭子间里,全是绿色的生命,氧气充足……"

妻子苦笑一声:"老头的孙女儿要结婚,孙子媳妇又临产了,他那个小单元实在住不下,总不能请老舍先生再写一部《四世同堂》吧,所以,年轻的就把老人家挤到阳台上去了。"

"原来,搭那个玻璃温室……为了住人呀!"

"什么温室!没遮拦,四面透风,老头儿得了肺炎。"

我是世间的一粒尘埃

我不愿再问下去了。妻子怎么知道得这般详细？也许她曾经到过那个家里去出诊，也许是邻居们公开埋怨过老人家不懂孝道的儿孙……也许，人老了之后就应该去住阳台吧！

我久久地凝视着那绿色的"亭子间"。不知道仙逝的老人有没有遗孀？更不知那"亭子间"里是否还会住进去一位白发老太太。

过了一段时日，我又不愿意多看那"亭子间"了……好男儿志在四方。我们的年轻人，为什么偏偏喜欢窝在城市里，守在家里，以致把老头老太挤到阳台上去？

然而，我还是养成了看绿的习惯。眼前常常浮现绿色的梦：北京城在加紧绿化！每拆除一片灰色的旧平房，建起一幢新楼，就腾出一片空地来，种草植树。

许多小小的绿窗，将被成林的桑榆槐枣、杨柳松柏所淹没。

与你共品
yu ni gong pin

　　看绿，可以预防近视，陶冶性情；绿色象征和平，代表信使和希望。文章看似写绿，实则是写对面绿窗中一位老人的晚年境遇。作者"看绿"的目的很明显，那就是希望每一个家庭都充满绿色的幸福生活。

个性独悟
ge xing du wu

　　★这是一篇记事散文，文章看似写绿，实则写了什么？

　　★文中几次提到老人的白发，其用意何在？

　　★结尾说"眼前常浮现绿色的梦"，你认为这绿色的梦仅指憧憧楼房中间的绿草绿树吗？为什么？

快乐阅读
kuai le yue du

咱嚼青橄榄

咱国人不吃什么 / ···陈小川

咱中华美食光耀世界，给早年漂洋过海谋生的先辈华人们一个极好的谋生手段，以至于早年到欧美的华人有"三把刀"之称——切菜刀、剃头刀、裁缝剪刀。如今裁缝剪刀早已给了意大利人、法国人，剃头刀也早攥在美国人沙宣们的手中，只有切菜刀一把还牢牢攥在咱们国人手中。普天之下，但凡有人就得吃饭，但凡有人吃饭的地方就有中餐馆。无论走到天涯海角，只要如我这样肚肠冥顽不化执著地酷爱中餐，只要能说出您想的是什么吃食，都能圆梦。任哪国人，到了海外要是一时思乡心切都难办，就咱们中国人方便，吃一顿中餐全齐了。中餐的走红世界，招得有些越南人、马来人只要能写俩汉字的都敢在欧美挂几个大红灯笼开中餐馆。

不过如今咱们的美食在国内成了兵分两路。一路技艺派，在刀功烹调上承继传统发扬光大；另一路胆大派，有毛的除了鸡毛掸子，四条腿的除了板凳，什么全敢做着吃。这另一路着实坏了中华美食的门风。看看酒楼饭肆的冰箱铁笼子里，熊的掌、骆驼的峰、猕猴的脑子、穿山甲、猫头鹰、飞龙，不怕造孽的还敢吃百年的老龟。还有如我等孤陋寡闻之辈听都没听过的五爪金龙、过山风。中国人之不挑食绝对世界第一，勤劳勇敢胆大心细在吃之上体现得淋漓尽致。中国人死都不怕，还有什么不敢吃的吗？一个村一年网捕候鸟就十几万只，风干了吃。南方一个省一年光蛇就能吃掉成百上千吨，也不怕蛇的天敌老鼠肆虐，因为人也吃老鼠。据说美国人不吃心肝肚肺一类下水，不吃海参；日本人除了不吃下水还不吃猪口条鸭子掌。除了民族习俗和孕妇，谁听说咱忌什么口？我的同胞们只有几样不吃：妖精不吃，龙不吃，鬼不吃，神仙不吃，不是忌口，是逮不着。

我是世间的一粒尘埃

有一次我乘轮船从大连到天津,横穿渤海。海上浪静风平,旅客们聚在甲板上看海。一大群海鸥跟着轮船上下翻飞。一位东北老客看着海景海鸥,大发感慨:这大鸟贼肥,要炖吃肯定香没治了。我暗想,咱们同胞都怎么了?甭管见着什么,头一个念头就是吃。难怪焚琴煮鹤这种事儿,只有我同胞干得出来。祖上确实说过"民以食为天"这样的话,那是祖祖辈辈饿怕了。可如今不是饿得前心贴后心的年代了,还以食为天吗?

我偶尔出洋,看见人家那儿城市的河里天鹅野鸭自由自在地游,树上地上松鼠到处跑,广场上成群的鸽子满天飞。这种人与动物友好相处的祥和景象让我羡慕不已。全因西洋东洋人之忌口多,不似国人什么都吃。久而久之,动物根本不怕人。咱这儿巴掌大的饭馆都做"椒盐乳鸽",广场上哪还有鸽子?老虎到了中国虎威荡然无存,见了人都跟老鼠见了猫似的吓得颤颤巍巍的,祖祖辈辈让武松打怕了。不管什么在咱们国全怕人。照这种吃法,将来开动物园全得靠进口。国人逢年过节开荤,只能吃人了。

勤劳勇敢都用在吃上,这种国粹真够丢人的。

 与你共品
yu ni gong pin

有资料表明,地球上每天都有一种生物被灭绝。

野生动物资源,是生态环境的一个重要的组成部分,是人类自己生存环境的重要组成部分。作者针对某些人肆无忌惮地破坏野生动物资源的做法表现出了极大的愤慨,呼吁人们都来保护生态环境,因为这个生物链一旦遭到破坏就无法恢复了。

本文的语言幽默,极具讽刺性,同时具有很强的感染力和说服力。我们在阅读此文时,在忍俊不禁之后,更应该想一想:我们是不是在笑我们自己呢?

咀嚼青橄榄

个性独悟
ge xing du wu

★这篇文章的题目有什么特点？
★文章结尾一句，表达了作者什么样的思想感情？
★你是否同意本文对"国人"的这种提法？为什么？

快乐阅读
kuai le yue du

遭遇苦肉计 / ··· 牟绍颖

去黄山前，我们在安徽的屯溪逗留了一天。那里有一个蛇馆，于是我们一行人就被导游带到了那里。各种毒蛇被关在安有铁网的笼子里，那些剧毒的眼镜蛇、五步蛇的样子让人悚然，好像那些毒蛇随时会窜出来咬你一口。

步入二楼，展室的柜台上摆放着许多药品，还有一根粗铁链子，在炉子上被烧得通红，不知将派上何用场。我们被热情的安徽姑娘邀请入座，并受到了一杯清茶的款待。这时，一位漂亮的姑娘款款走来，向我们介绍展示药品的疗效。这些药当然都与蛇有关，什么蛇胆药、蛇毒药，并且由于这些东西太少，所以价格也就不菲。不过那姑娘说，对外地游客还是要优惠的，标价340元一盒的蛇药只售240元。接下来的事则让人瞠目并恐惧。两位小姐扯起那根烧红的铁链子，放上一张纸，一触即燃。姑娘说道："我们要用爹妈制造出来的手，在这铁链上摸上几下，再向大伙儿推荐一种(名为宝扶灵)药膏涂上。"而她只须"忍受十几分钟剧痛即可痊愈则不留伤痕。"听到这里，我们都惊讶不已且认为这事太离奇。可这时就见一位姑娘嫣然一笑，便迅速开始了她"惨烈"的壮举：她把手贴向铁链，一下，二下，三下，有一种皮肤烧焦的气味弥漫了全室。大伙都惊叫起来：别摸了！别摸了！姑娘不摸了。冷汗在她脸上滚滚而下，并有一种疼得似扭曲了的面容。她伸出手让大家看，确有一些焦黄的伤痕。这时姑娘要抹药了，药是姑娘让我事先在展品柜随便挑选的。两小姐立刻为她涂抹上，这时她的脸不再扭曲了,十几分钟后,她又有了笑容,而她被烧的手竟看不出一点儿伤痕! 这一下子,人们不再对那些药有疑虑了,立即纷纷掏钱买药,被烧的那位姑娘便忙着指挥收钱……

离开了蛇馆,我的脑子里老是浮现着那根烧红的铁链子。我老觉得这其中有鬼,但又看不出破绽来。打死我也不相信,烧焦了的皮肤会瞬间完好如初,我一直觉得这是一出"苦肉计"。

与你共品
yu ni gong pin

本文选自《全国晚报副刊散文选》。作者详实地记叙了去黄山途中所遭遇的一出"苦肉计",揭露了社会上某些人为骗取钱财而耍尽伎俩迷惑他人的伪善面目。同学们阅读本文时应注意详略得当的处理方法和结构上的首尾呼应。

个性独悟
ge xing du wu

★请理解一下"苦肉计"的含义,并以史书上举一二例。

★谈一谈你见到的或听到的类似本文内容的现象。

宝 光/···李广田

在满天星斗的夜里，老牧人向小孙孙讲起了宝光的故事。

"看啊，孩子，"老人用烟袋指着远山说："就在那边，在金银峪的深处，埋藏着无数的宝贝。"

小孩子仿佛已经入了睡梦，蹲在石头上沉默着，金银峪被包围在银色的雾中。

"那是几百年，也许是几千年的事了，反正是在古年间，金银峪中埋藏着无数的宝贝。"老人又低声絮语着，"每到夜深人静的时候，金银峪便放出白色的光芒，那光芒好像雾气，然而那不是雾气，那就是宝光。看见那宝光的人是有福的。可惜人世间是无福的到底比有福的多，所以能看见宝光的人实在很少很少。"

这时，那小孩子才略微抬起头来，带着几分畏寒的意思，向金银峪疑惑地遥望。金银峪依然沉默着，在银色的雾中包围着。

"据说古时候有一个有福的人，他曾经到这座山里来参拜过。"老人重燃着他的烟袋，一滴火星在黑暗中忽明忽灭，老人的故事就从那火星的明灭中吐出。他又继续道："那有福的在夜间登山。他就看有宝光从金银峪升起。于是，他怀着虔诚的心，走向金银峪中。遍地黄金，随处珠玉，那白色的光芒便从那些珠宝中发出。然而他并不拾取那些珠宝，因为他所寻的并不是珠宝。"

老人稍稍停顿一下，仿佛等待小孩问他那登山人所寻求的到底是什么东西。然而那小孩子依然沉默着，并不发问，那老人就只好继续自己的故事。

"你一定想知道，那个有福的人所寻求的是什么东西。到底他寻求的是什么呢？这却传说不一。有人说他寻求的是不结籽的花草，也有人说他寻求的是治疗病的药石，又有人说他本来就无所寻求。他对于一切美丽的东西，宝贵的东西只是赞赏，却没有一点儿据为己有的意思，可是美丽的东西，宝贵的东西，却常常叫他遇见。他不贪金银，却能看见宝光，他说那宝光美丽极了。"

"自从人们听说金银峪里有珠宝，"老人的声音里仿佛带有一点儿激昂，他的烟袋又已经熄灭了,他继续道:"自从这一带人们听说有珠宝,便都不安起来了,因为他们都起了贪心。他们常终夜不眠,只想看见宝光,可是他们永不曾看见。他们常在深夜中到金银峪去摸索,有人竟搬了大块的石头回家,希望石头能变成黄金,然而石头还是石头。他们的贪心不止,他们便争着到金银峪去发掘,从此以后,那宝光就永不再见了。"

老牧人说完后又沉默着,小孩也不做声,只听得羊群在山坡下吃草。远处隐隐还听到有流水声音,好像是老牧人的故事的回响。

与你共品
yu ni gong pin

文章通过老爷爷给小孙孙讲述"宝光的故事",说明了人不要有贪心,要有一颗美好的心灵的道理。文章以小孙孙对故事无动于衷的表现与人们的举动形成强烈的反差,表现人们对金钱的贪心之重,财欲熏心,在他们的面前,那宝光自然"永不再见了"。文章含义深刻,阅读时应仔细体会。

个性独悟
ge xing du wu

★作者写作本文的目的是什么?

★细读全文,考虑回答老人讲故事的不同阶段,孩子各有怎样的表现?

★找出最能表现人们贪心的语句。

★文题"宝光"指的是什么?

作文链接

zuo wen lian jie

班主任惊梦 / ···郑　熙

　　我夹着备课本走进教室，学生都以陌生的眼光望着我，不时地上下打量着。我发现他们的目光停在了我的头发上。我借了面镜子，一照，呀! 我的头发都垂到肩上了!我连忙拿出防身用的小剪刀，三下两下地将它们统统剪短了，这样不就行了吗?学生满意地点点头。忽然，我又发现他们又盯着我的衣服——糟了! 我怎么把紧身衣穿来了? 我赶紧把外套往身上一罩——完事! 可大家又盯住了我的下半身,我低头一看,唉,原来是这该死的大脚裤。今天我怎么穿成这样来上课啊? 我连忙把裤脚往上挽成九分裤。这下总行了吧?

　　我舒了一口气,尴尬地笑了笑,开始讲课,刚开始,大家都还挺专心的,可到了要下课的时候,教室里沸腾起来了,就像刚煮开了一锅粥。我用力咳了一声,可他们甩都不甩我! 怎么能这样? 太不给面子了! 我走下讲台,开始耐心地给他们讲道理。没想到有的同学却唱起了周杰伦的《双节棍》来:"快使用双节棍!哼哼哈哈嘻……"边唱还边比划着,气死我了!我走到他面前,用手敲了敲桌子,他不但不停止,反而瞪着两只豆子似的眼睛,换了歌词:"惹毛我的人有危险……"我终于被激怒了,大吼一声:"安——静——"教室里顿时鸦雀无声,他们惊异地看着我,我自己也惊讶,蛮有用的嘛。教室里人眼瞪小眼,太尴尬了!还是可爱的下课铃解救了我——教室里又恢复了吵闹。

　　我心神不定地回到办公室,绞尽脑汁地想与学生们沟通的方式。我查了13本资料,5张报纸,2本书,终于让我想出来了。

　　只要一下课,我就和女生混在一起,跳橡皮筋,讨论发型,听她们讲八卦新闻,摆龙门阵。她们还告诉我,其实她们很希望老师能关心一下她们的衣服是在哪买的,喜欢什么明星,等等。我也和她们交换保持身材的心得,告诉她们街上哪家的小吃好吃。终于我们打成了一片。

　　然后我又来到了男生中间, 听这些淘气鬼们高谈阔论地大吹他们在"CS"反恐精英上的雄伟战绩。我不得不装作很佩服的样子,还向他们打听"传奇"卡是在哪里买的。他们对我也很欢迎,约我一同去打篮球。我在他们的簇拥下来到了篮球场,在一旁看他们打篮球,他们还不时地叫我:"老师,您也来玩啊!"
"老师,看我帅不帅?"看着他们活蹦乱跳的身影,我心里轻松极了。一想到成了
他们喜欢的老师,而且什么都听我的,我心里就愉快得不得了!大伙儿打累了,
我善解人意地买来了冰棍和冷饮,他们感动地怪叫:"老师,你太伟大了!""去你
的,我什么地方伟大了?帅哥们,上课专心一点啊。""一定,一定!"他们齐声吼
道。我会心地笑了,心里不由得冒出个念头:"当老师真好!"

又上语文课了,全班每一个同学都面带微笑,安安静静、端端正正地坐在座
位上,听我讲课也认认真真、仔仔细细的,我满意极了。当我转身板书时,脑袋忽
然被粉笔头打着了,我转过身去,正要发火,想看看到底是谁这么不给面子。

天啊——班主任正怒目圆睁,两手叉腰站在讲台上,嘴里还吼着:"不——
许——睡——觉!"完了,完了!原来我在老班的课上睡着了,这下可惨了……

【简 评】

文章构思新颖独特。作者通过"惊梦"的方式表达了广大中学生渴望被理
解,希望师生之间有良好沟通的愿望。文章语言生动风趣,充满时代气息。从梦
中被惊醒的情节令人捧腹,值得玩味。

我"滚"出了教室 / · · · 聂国军

开学第一天的第一节课,我发现老师有个地方讲错了,但老师还在滔滔不
绝地讲着,同学们好像都没有发觉。我是个急性子,实在按捺不住了,于是举起
了手。

"你有什么问题?"老师的眼神怪怪的。

我站了起来,直截了当地说:"老师,您有个地方讲错了,司母戊鼎不是战
国时期制造的,是商朝制造的,并且是我国迄今考古发现的最大的青铜器,也
是世界上罕见的青铜器……"

同学们都在认真地听我讲,并向我投来敬佩的目光。老师大约觉得很没面子,脸有些发红,接着就露出愠色。

"好了! 你是从哪听来的? 你懂得多少? 难道你的学历比我高? 我问你,孔子晚年根据鲁国历史材料编成了一本什么书?"老师劈头盖脸的一顿责问使我愣住了。他见我不作声,好像取得了什么伟大的胜利,显出得意的神情。

"怎么样? 不会了吧?"他步步紧逼,不肯罢休。我低下头,不再说什么。其实,他的问题很简单,但我不想回答,因为如果我回答了,他也许会更难堪。

"快说呀! 怎么不说话了? 以后课堂上别卖弄小聪明,别想着出风头。好了,下次注意点儿,坐下吧!"老师是这样教育我的。

但我没有坐下。老师的带有嘲讽意味的话,逼得我冲破了沉默,于是我大声回答:"孔子编的那本书,叫《春秋》! "

老师愣住了,一时说不出话,同学们哄堂大笑。他恼羞成怒,冲着我高声喊道:"你……你你,给我滚出去! 你这是扰乱课堂秩序,给我滚! "

"哼!"我抬起头,挺着胸脯,雄赳赳气昂昂地走出教室。同学们都鼓起掌来,我还听到有人在喊:"好样的! ""我们支持你! ""不要怕! "我十分激动,但也十分伤感:我在课堂上的那一点儿权利,也被老师剥夺了。

在素质教育强调"以人为本"的今天,我们不得不为这位教师的所作所为感到悲哀。作者通过被老师逐出教室这一鲜活的事实,大胆地揭露了一些教师素质的低下,发人深省。

婆媳之间 / · · · 古 丽

"今年夏天太热了,干脆明天去买空调。"妈妈边吃饭边说道。

"安装空调? 你就知道享受。应该节约点儿钱,供孩子以后上大学。一点儿也不会打算!"婆婆(奶奶)唠叨着,脸上没有了笑容。

"您这老人,应该享受享受了嘛!今年都70岁了,还能活多久!"妈妈随口答道。

我心里纳闷儿:虽说平常她们有时说话不投机,但很少闹矛盾;可还没有过像今天气氛这样紧张的时候。人们常说婆媳间没有血缘关系,所以很难相处好。

"我这把年纪是该死了,吃闲饭是没人喜欢的。"婆婆自言自语说道,眼眶湿润了。

妈妈忙完家务活儿,看到婆婆仍闷闷不乐,主动端来椅子坐在婆婆身旁,轻声说道:"妈,对不起,我今天说话不对,伤了您的心,希望您原谅。我也理解您的苦心。您今年70岁了,应该享受享受生活了。上次您反对买VCD,现在您不也时常放一些戏曲碟看吗?像这样生活才有味嘛。"妈妈一边说,一边帮婆婆梳理头发,是那样亲切,那样真诚。

"孩子就要上高中了,以后上大学用钱的地方可不少,应该精打细算。积点儿钱总是对的。"婆婆的语气也变温和了,脸上露出了微笑。

我一直绷紧的心终于舒展了。过了一会儿,妈妈出去了,我问婆婆:"你觉得我妈妈怎样?""心好,知错就改,还真是一个好媳妇。"

晚上,我和妈妈谈起当天的事,妈妈说道:"老人嘛,我们应该理解她,尊重她。有的媳妇放不下架子,不尊重老人,是永远搞不好关系的。人与人之间应该相互理解和尊重,你对人家好好的,人家也会对你和和气气的。"

"我的宝贝女儿,等你以后结了婚,怎样处理婆媳关系呢?"

我不好意思地答道:"我一定能像妈妈一样做的。"

"哈哈……"

【简 评】

任何家庭不可能总是风和日丽。作者通过婆媳间矛盾的产生到解决的记叙,形象地表明了婆媳间关系应该怎样和睦相处,告诉人们在生活中要相互理解,相互尊重。文章紧扣题意,思路清晰,人物描写鲜活生动。

感动

人可以被打败但不可以被打倒

Congratulation,
you're on the road t
a beautiful life together

冬天来了，春天还会远吗？

她只是一位母亲

你从没见过她就要流出的泪滴,相反她转过头去把泪水藏起。

你从没见过她平静地在密室祈祷,相反她请你进来任你谈天说地。

你从没见过沉重的负担把她双肩压弯,相反她的双肩任你靠着哭喊。

你从没见过孩子反抗时她内心的疼痛,相反她给他们以更多的耐心和爱意。

你从没见过她被拒绝时把手收回,相反她仍要伸手相帮。

你从没见过她想要放弃但又努力抓住、使劲坚持时留在手上的伤痛,相反她十指交叉握住双手,做了更多祈求。

你从没见过她为他人祈祷后的膝盖酸痛,相反她却更勤于跪祷。

你从没见过她怕"令人失望"时内心恐惧,相反她祈求有更多有力量和健全的心智。

你从没见过这些,她也不想让你看到,毕竟,她只是"一位母亲"。

四

感
动

快乐阅读
kuai le yue du

问道长安/··· 谢 璞

我看着,我想着。

日月星辰运转,不用向谁问路。

潺潺小溪流入江河湖海,也我行我素。

万物之灵的人类在运转、流动中,却好问路。太平岁月,或是烽火乱世,遇歧途不请教"指路碑",不向人打听去向的,实在难找几个,凡人或是伟人,要想不迷失方向,都少不了"碑"与人的指点。人总是问道于人,有时也充当别人的"指路碑",互相传播温暖,人类文明的画廊总是日新月异。我学步以来,由于好问路,尽管大地与人生歧路无穷尽,总是迷惑不了我。即使糊涂了一辈子,很快又清醒地走我前面的路。古语说的好:"好问则裕。"

"指路碑",我从小就喜欢它。乡间岔道上常有善男信女栽起矮墩墩的石碑,上面镌刻着:"左走高沙,右走黄桥",或是"东走柿家渡,西走钟沧寺"。它诚实的"语言",给过往行人不断赐福,由于它只有小凳那么高,赶路的人走累了,还可以在它"头上"坐下来歇息。如果旁边有一株郁郁葱葱的青桐树,还可多歇一会儿。对于这种石碑,不要说顽童不去碰砸它,倘有好斗的公牛顶撞它,牧童免不了要在牛屁股上抽几鞭子。当石碑周围丛生的蒺藜野草过深,或是碑面蒙上绿苔,自然会有人细心地去清除,不让碑面任何一个字失去灵性。山路边的小土庙,就从来没有享受过指路石碑那令人羡慕的待遇,尽管也有信男信女对土地爷插香烧纸。

不过,我孩提时期也见人家砸碎过一块"指路碑",不是因为别的,而是立碑的人粗心大意,把往东的路,刻成了往西,它只起到了捉弄人的作用,气得上过当的人回头来怒不可遏,砸得它粉身碎骨,不管它是哪家"大善人"立起的

"碑",一概不饶恕。所以,要真的是块有价值的碑,它必须对求问去向的匆匆过客负责任。

我小时候也碰过这样不负责任的"石碑",我向他问路,他却故意错指方向,弄得我吃苦头,由于他不是一块石头,而是喜欢恶作剧的活物,我只能在心里咒他几句。后来,我走南闯北,由于问路次数多了,也就培养一种挑选"指路碑"的能力了。对于有可能捉弄人、不乐意给人方便的人,我就不去问他;对于有可能给我诚实的指点的人,我就开口相求,把他看成一块神圣的"指路碑"。

有一年,我在北京广安门外乡野寻找"荷花池"附近一个朋友,阡陌纵横,一时不知南北东西。刚好身边走过几个人,我就赶忙物色个人来指示去向。她是一个年轻女子,生得修眉善眼,不像个吝啬人,我便急忙招呼:"同志,请告诉我去荷花池,该往哪里走?"

她文静地看着我,秀丽的脸蛋上出现安详的笑容,然后用流利的北京话说:"荷花池?不好找呀,告诉你去向,七弯八拐的,你也不一定找得着。"很快,她又自然地说:"我领你走一段路吧。"

真太难得了,她居然领我在野花遍地的乡间小道上走了二十几分钟之后,才停下来指着一道沟说:"跨过那道沟吧,笔直走上三四百米,就是荷花池的地界了。"

我感激得竟忘了道谢,因为她返转身子往回走开时,才发现她是个腆着大肚子的孕妇,她淑美恬静的身姿,像个花瓶。我久久地凝视着她渐渐远去的背影,心里由衷地祝愿她健康、幸福,预祝她平安地生下小宝贝来。当时,我在北京的钟鼓楼大街"中国作家协会文学讲习所"学习,才来北京不久,认识的人不多,第一个留下最深印象的"北京人",就是这位不知姓名的花瓶一样淑美恬静的"指路碑"。时光过去了几十年,她当初的笑容、手势、声音还回荡在我的记忆之中。

前几年,我上北京,真希望偶然再碰上这位"北京人"。有一回在无轨电车上无意中发现一个相貌与她相似的姑娘,我心里竟这样琢磨:"也许她就是那位指路人的千金吧?"文人的感情就这么怪。

1984年7月,我又在西安这座古城得到了恩惠。自古长安多丽人,这块土地上开的鲜花,生的绿叶,仿佛都有一种特殊的清香。整齐宏大的市容及古人遗留的大雁塔,琉璃金瓦的城郭以及浑黄的护城河,举世闻名的半坡遗址、秦兵马俑,都给人一种民族的自豪感。尤其是西安人那种浑厚、坚实、自强不息的风采,更使人想起什么叫"力拔山兮"的膂力。我很高兴在这里参加"当代文学研究会"。我们大会的住址,也特别,是在杨虎城将军旧址附近的一座宾馆。由于会议安排的紧凑,除了集体乘旅游车参观外,个人出门散步的机会并不多,所以上小店子里去品味"羊肉泡馍"等地方风味的次数也没几回。一天,由于我要给远方的一个朋友发个电报,就不得不抽空出门。刚好秘书处有辆小车开出去,要从电报大楼门口经过,我就搭上了这辆车,来到陌生的电报大楼门前。发电报后,只好乘公共汽车了。我在附近找到公共汽车的上下点,那儿站立着许多等车的男女。我的眼光落到了一个长安大汉的背影上,几步走过去,见那大汉穿一身洗得颇干净的劳动布工作服,双手搂抱一截比他略高的小型钢管,不难猜出,可能是个刚下班回家去的工人,从侧面看他,约摸50岁出头,我向他打听我回到杨虎城将军旧址附近的宾馆,该怎样乘车?他没有转过脸来看我,只用地道的西安话告诉我"乘2路车"。刚好2路车停下来,我便以在长沙苦练多年的钻车技艺,匆忙而又圆熟地拉住弯形扶手,利索地上了"2路车"。正当我掏零钱买车票时,听到有人在不远处不高不低地说:"刚问过路的同志,只要买一个站的票,在莲湖路下车。"

这不就是刚告诉过我乘2路车的那位"长安大汉"吗?我回转身一看,吃了一惊,他原来是个双眼直呆的盲人,那钢管是他的手杖。什么时候他也挤上了这辆车呢?心肠多好的人!

下车后,我心情激动。"问道于盲"未必无所得。有人五官"坚固"、耳目"聪明",因缺少一颗无私的心,谁若问道于他,他能起到"指路碑"的作用吗?看来,只能从善而择。也只有无私的、有成人之美心地的人,如"修眉善眼的北京孕妇"、"长安大汉"这一类的人,才会随时洒甩友爱的花露。人们心里会承认他们是真实的"指路碑",不会淡忘他们,更不会把他们当绊脚石摔得远远的。陈毅同志诗云:"我要为众人,营私以为羞。人人能如此,世界即自由。"多高深而朴实的人生哲理。任何个人,无论是普通劳动者,或言论起着"指路碑"作用的人,如果都能有"为众人"造福之心,那么我们的宏伟建设事业,就有指望了。最要提防的,是错指方向的"碑"。"为众人"就是善,就是一种真实的美。愿他像一缕金色的阳光,照耀在一切人的心窝窝里。一切有志振兴中华的炎黄子孙都具有"为众人"的善与美,色彩斑斓的中国,就会如旭日般冉冉升起。

我是世间的一粒尘埃

与你共品
yu ni gong pin

　　"问道于人"和"指路于人"都是生活中的小事。作者抓住生活中的这些小事,阐述的却是有关中国发展的大道理。文章以小见大,值得我们去思索、品味。

个性独悟
ge xing du wu

　　★为什么时光过去几十年,"她"当初的笑容、手势、声音还回荡在"我"的记忆之中?

　　★作者说自学步以来,他就好问路。那么,一生中指路于他的人一定不少,为什么作者偏偏选中了孕妇和盲人作为赞美的对象?

　　★"问道于人"和"指路于人"都是小事,作者说它关系到中国的发展,你如何理解?

快乐阅读
kuai le yue du

读香港 / ··· 孙见喜

　　满山是麻酥酥的石头。常年经受海风浪雨的淘蚀,易于溶解的物质流走了,剩下的是一堆堆霉黑的壳。不含养分就不长草,质地又不硬又做不了建筑的基石。这就是香港岛,一座糟糕的石头山。周围海里,还有 235 个同样的姊妹岛,连同九龙、新界这片天涯海角,总共 1078 平方公里。

　　穷了二百年,穷了一百年。黑石头山下的渔民岔开鹅掌似的脚趾,到海里捞虾，从鱼嘴里夺食。某一天突然来了洋船。他们要上岸晒太阳，不叫上就不行，他们有火枪。火枪保护他们做一些鸡零狗碎的生意。后来越发大胆，要这里的女人，要满船载走稀贵的香木，还有瓷器、银器、药材。抵抗是有过，但战争的结果是这块土地被租借99年。于是，西洋的文化一点一滴地往脊肌里渗透，米字旗越来越多，跑马场越修越大，楼房越盖越高，维多利亚海湾两岸成了寸金寸土。

英国人租借香港98年了。这年秋天，一个日光灿烂的午后，在香港庄士敦道，我和深圳的同学白建中应邀上球场打篮球。高楼丛中，有一个罩在铁网中的比标准球场小30%的学生运动场，他们人手不够，要我们进去充数。这些十几岁的娃娃满场跑着抢着到了篮下却要把球传过来要大陆"表叔"投球入网。这种怜悯极疼地刺激了我。我不再手软，西北蛮人的武力使瘦小的香港娃无力招架，20米之外我就掷远篮，还常常一砸一个准，引来不少晒太阳的香港老人围观。但娃娃们依旧礼让三分，我便不好意思再争，远篮也掷得少了，一股文明的氤氲笼罩在心间。

这种拒绝怜悯的心态到了我买单放机的那一刻，发展成了某种有意为之的挑衅。来香港前，上大学的女儿要我给她买一个索尼单放机。从湾仔到铜锣湾，看过几家电器行，价格在210元~250元之间。但在尖沙咀，同样的机子售价188元。这只巴掌大的单放机在我手里旋转，我挑剔着可能存在的毛病，售货的先生冷眼以待。我问："是真的日本原装吗？"对方不应。我又问："香港人最善于造假，难道不是吗？"对方依旧沉默。我再问："至少拿4只来让我挑，怎么？看大陆人穷？"这位对大陆人刻意保持涵养的先生，终于沉不住了，说："人家买上千元的单放机也没这么挑呀？"我终于找到了射击孔，怒冲冲道："上千元怎么了？嫌百十元便宜你别卖嘛？看你也不是有钱人，有钱人还站柜台么？"售货者目眦尽裂，只将两片嘴唇空哆嗦。一个老板模样的人过来，把气得半死的售货员挡到后边去，又满脸堆笑地拿出一大堆单放机让我挑选。我推开他的手，白眼仁翻上去，傲声说："看不上！"我出门，老板又追上来，送上一句礼："先生慢走。"

在我心灵的最深处，隐藏着一种意识：我是大陆，你是小岛；我是中华，你是殖民。

然而，这种大中华心态，到了我迷路无法返回旅馆的时候，才真正体味到了这种虚肿意识的可怜和无用。

那是一个叫做油麻地的街区。四周高楼大厦，人行街上如落狭谷。为了给妻子买那种 5 港元一件的睡衣,花 9 港元坐地铁过来,没找到那家地摊自己反倒迷了路,要回去死活找不到地铁口。天眨眼就黑了,想起港台影视上的警匪大战,心里就十分惧慌。手里有地图,但那是英文的。西北老农的穷争气使我不想低头问路,嫌那种夹杂着英语的香港话听起来扎耳,就只有挺在街口跟香港赌气。过来一位穿花格衫的青年,扬手向我打个什么招呼,就满脸笑着问:"先生需要什么帮助吗?"我冷笑一声,说:"你走你的。"我忆起在上海问路被索要 10 块钱的情形,心想要敲诈"表叔"你得先认认是哪一个。那青年尴尬地离开了,我心里十分愉快。但是,天很快就黑了,街上行人渐稀;看满街华灯灿亮,就气愤这里是不是全用着国内的电? 在南京,夏天装空调因电的原因要受限制;在西安,每周有一天因停电而断水……正这么气愤着,却发现一位姑娘在打量我,她已从我面前走过去,又扭头回来要给我说什么。我固执地坚持着原则,严峻而高傲,心想她说不定就是那种操特殊职业的女性。她果然走了回来,柔声问我:"先生,你需要什么帮助吗?"我肃然屹立。姑娘竟不离去,绕我转一圈,再问,用较为标准的普通话:"你要去哪里,我可以义务为你带路。"我不怀好意地朝她一笑:"你学雷锋呀?"姑娘平静着眉目,舞着较大的手势说:"学雷锋是大陆的说法,在香港这是一种文明——"我乐得大叫:"文明? 精神文明? 还有五讲四美三热爱吗?"姑娘脸红了,不再看我,她言语结巴起来:"这,这在我们香港,帮助人是一种心理上的需要,一种很愉快、很舒服——""噢,是怜悯,你们又叫慈善事业,对吧?"姑娘急急摇头:"不是的,不完全是的,怎么说呢……"

最后的结果是她牵着我的胳膊送我过了两个街口,直到地铁口。看我下了台阶,她才扬手喊:"先生慢走!"我眉眼沉得抬不起来,不敢看人,不敢看前后左右的香港人,这姑娘最后的影像是那件遮住膝盖的蓝裙子。

在地铁上,机器运行的噪音冲击着我,我心里发痒。一个脓疱儿破了,新的肌肉在生长。一个问号在我心里长久盘旋:"我这是在做什么?"

看香港世态,沉吟视听之区,流连万象之际,想那打球的学生,和引路的姑娘,再玩味太平山下的夜景,又惊疑于铜锣湾一街两行的金店和银行,一种归纳不由得浮上心头:酌奇而不失其真,玩华而不坠其实。

最后,真正将我击倒的是在轩尼诗道旁的一条小胡同里。这条小胡同是购买小商品的市场。我一边走着一边左右观瞻,忽听前头"冬"地一下似有什么撞在地上,看时已有许多人围在那里。原是一位老者,突然中风跌倒,前额也碰破了。人们立即将老者抬到路边,一店家主人拿出凳子扶老者坐下,又拿出毛巾替他擦脸。众人围拢来急急商议,就有人去叫警察,有人往医院打电话,还有人在老人身上寻找有关身份的证件，救助在有序而真诚中进行。我旁观40分钟，慨然离去。想我内地道德沦丧的情形，叹这小小的弹丸之地香港，具体而真实地保存着大中华文明：真诚、善良、互助、博爱……而我自持的"大——傲"心态，其实只是贫穷加虚妄。

平静下来，我重新在香港的大街小巷走动，仔细阅读祖国的这片陌生领土。虽然我看到了"18岁大波北妹指压300元"的招牌，虽然被"日本富有柿子13元一个，美国石榴王20元一个"的物价牌频频刺激，虽然了解到普通店员月薪8000元，满街港币兑换店明码标价一港元换一块一毛人民币……但是，我已不再忿忿然，你说纸醉金迷也罢，你说灯红酒绿也罢，现实是这块土地被管理得挺好，巨大的创造活力是这个东方大都会的活水源头。在大屿岛一个偏僻的小渔村，只有一间公共厕所、一间公共浴室。然而，在这两处公共场所，最显眼的两个大招牌上写明：卫生状况几点到几点谁负责，电话是多少，高级卫生监督是谁，电话是多少，投诉电话是多少；还有，清扫海洋公园大门外的草坪，工人先用吹风机将落叶从草坪上吹到外边，绝不直接用扫把划拉鲜嫩的草叶……城市的管理和设施一切都要尽善尽美，这一切，全有赖于600万香港人的道德水准作依托。

临离开香港的几天里，我的言行也变得彬彬有礼了，看见负重而行的人，忍不住也要帮扶一把。物质创造的伟大无法游离于精神而独存。二百年来，香港从一个贫穷的小渔村发展成为世界三大金融中心之一、世界三大黄金市场之一、世界三大集装箱码头之一，是中华文化的底蕴和西人的理想秩序共同支持了香港创造活力的持续燃烧，而我，自以中华圣宗的心态俯视狄夷的时候，却突然发现自己原来是一个十足的北蛮夷之鄙人……

与你共品
yu ni gong pin

　　本文作者描写了自己在香港这段日子的真实情感。文章以"读香港"为题，把香港当做一部大书去读，去理解去品味，形象而生动。作者通过对香港地理位置和屈辱历史的回顾，表达了对这个弹丸之地的鄙视、厌恶之情。这种"大中华心态"促使"我"对那里的人们持着戒备和敌视。但在香港的那些日子里,无数的事实改变了"我"对它的认识。从那打球的学生,引路的姑娘,到人们对跌倒老者的救助,使我真正看到这小小的弹丸之地香港,具体而真实地保存着大中华的文明:真诚、善良、互助、博爱……这些是我们内地的人们所不及的。文章叙议结合,思想深邃,引人深思。

个性独悟
ge xing du wu

★第七、八段详细记叙了"我"迷路后受到帮助的故事,作者巧妙地在文中进行了三次对比,突出香港人的文明,找出三次对比的地方。

★第十三段的开头句意在强调什么?你对"物质创造的伟大无法游离于精神而独存"一句是怎样理解的?

★结合全文体会一下,作者"读香港"读出了些什么?

快乐阅读
kuai le yue du

打架的风度 / ···张之路

没有人相信我会在大街上和别人动手打架。因为他们认为我有一个文气的外表,况且已是人到中年。

在一个美好的春日里,我和一个同事在一个小馆子里吃炒米粉,我们刚在一张小桌子旁坐下,我就觉得后脖子一阵清凉。凭感觉是几滴汤水滴到了那个部位。我抬头,一个很年轻也很秀气的女子端着盘子从我身后走过。我自认为是很有绅士风度的微笑着说：

"小姐,你看你盘子里的汤都滴到我脖子上了。"

我当时没有任何怒气,我只是希望小姐也会像个淑女似的,略带不安地说声对不起(微笑不微笑倒无所谓)。

很遗憾,她不但没有说对不起,连一丝不安也没有,反而把眼睛瞪得溜圆,说出一段让我编也编不出的话来。她用右手指着那只犯了错误的盘子说：

"这怪不着我! 你要看清是盘子里的汤还是盘子底下的水洒在你的脖子上! 如果是盘子里的汤,那怪我没有端好。现在你看看清楚,这是盘子底下的水,这只能怪他们没把盘子擦干净!"

我惊讶她能在那么短的时间讲出这么多的道理。我惊讶她独特的思维逻辑,我更惊讶她那种拿着没道理却说成了发自内心的理直气壮!

我不能再微笑了,我大声说："你怎么这样不讲道理!"

本来,我们再怎么吵,事情也不会发展得太严重。没想到,半路杀出个程咬金——我背后隔了三张桌子站起一个小伙子。从他那愤怒和关切的神态可以理解为小姐的男朋友。他挥舞着胳膊在"遥远"的地方大声吼道："你想打架吗! "

我的全部愤怒终于有地方发泄了,他和我一样高,也不比我瘦,他还比我年轻。最重要的,我们都是男人。

我们一起走出门,我们开打,我发现他和我一样不会打架。我们的拳头在空气中挥来舞去只是一种表示愤怒的方式而已。同时我还清醒地意识到我们像狗熊一样的在耍把戏给围观的人表演节目。

在同事和他女友的劝解下,我们又回到屋里,坐到原来的座位上。我的心跳还是很快,但我故作镇静地吃米粉。不知什么时候,小伙子蹿到我跟前喊道：

"你敢不敢把你的名片拿出来?"

他站得离我很近,手指几乎碰到我的脸。

我心中暗暗发笑,他比我还要书生气。还有在这个时候要名片的! 这句话不但暴露了他不会打架,还说明他根本不懂得打架。这句话使我备受鼓舞。我镇静地(有点武打片中大侠的味道了)说："你最好把你的手放下,要不你的脸上还要挨一拳……"

他被女友拉回到座位上。坐着,他还在喊："有种的你不要走!"

我头也不回："你要没完没了的话,等我吃完咱们上派出所。"

等我们吃完,站起身来,惊讶地发现他们的桌子旁已经空无一人。我轻而易举地取得了胜利！

出了门,我原以为我的同事能说些庆祝的话。可他什么也没说,只是默默地陪我走着。在整个过程中,他既没有帮我吵,更没有帮我打。这当然没什么说的,因为我没有处于需要朋友援助的险境。可是,即使不说胜利,随便描述一下,议论一下也是应该的呀!这样下去,就像一个刚刚讲了一半的故事,让人憋得难受。

"他们好像在谈恋爱……"同事忽然转过脸对我说。

"我看出来了。"我没明白他的意思。

"你应该给人家留点儿面子。"同事微笑着,用试探的目光看着我的眼睛。"他要在女朋友面前表现他的勇敢,哪儿管什么理智呀,那时候,他的面子比你重要得多……那小伙子这会儿准特难受。"

我们一路骑着自行车默默地走着。同事的话为我的小小的胜利投下了一片阴影,心中觉得十分怅然。说他的话不对吧,似乎有点道理。要说我刚才有什么错误的话,我还真想不出来。但我影影绰绰地感到我不够有风度。在大街上动手打架,又不是见义勇为。我特想有风度,可是我怎么做到有风度呢?

我想了好几个方案:等小姐狡辩之后,我应该微笑着说:"谢谢小姐,你的话真让我长见识!"或者摇摇头,一句话也不说,继续吃我的米粉。或者在他的男朋友刚一出场,我就说:"我不跟谈恋爱的人吵架,这时候男人最勇敢……"或者我干脆走到他的面前和蔼地说:"你听她介绍完情况,如果认为有必要和我吵架,你再来吵……"

这些方案都很见力度和智慧,我当时怎么就想不起来呢?

过了很久,我和我的另一个身高一米九二,肩宽腿长的好朋友又谈起这件事。我问他:"要是你碰上这种事怎么办?"他拍着我的后背笑着说:"大动物最温柔,爱吵架的都是些小动物,你看那些刚长了羽毛的小公鸡总梗着脖子斗来斗去……"

与你共品
yu ni gong pin

俗话说:年轻气盛。可"我"一个中年人居然在大街上与人动手,又不是见义勇为,确实有失风度。作者通过自己一次打架的经历,告诫人们:人与人之间应该学会大度和谅解。这才是我们这个社会应有的色彩。

个性独悟
ge xing du wu

★用一句简洁的话概括打架的原因。(不超过15字)

★这篇文章的中心应怎样理解?

★文章至第二十三段可结束了,可作者又写了三段,其作用应怎样理解?

快乐阅读
kuai le yue du

乡 音/ ···龙应台

1985年,台湾人到大陆仍旧是违法的,但是我去了,去看看湖南那个被落在火车站长我4岁的哥哥。

清晨,还在半睡半醒中,宾馆窗外流进此起彼落的人语声,不外乎日常的招呼,"哪里去呀?""早啊!"人来人往。

我蜷缩在被窝里,耳朵却野狼一样竖起来。这窗外的人,怎么回事,竟然全说着我父亲的话;那声音、腔调,熟悉而亲切,像条睡暖了的旧被,像厨房里带点儿油腻的老钟。我冲动得想趴上窗子看看这些人的面貌——他们和父亲可长得也相似?

在台湾,父亲的乡音总惹人发笑,"听莫啦!"人们摇摇头。他得费好大的力气才能让人弄清他要的锄头、芋头、还是猪头。

　　而在这扇窗外,每一个人——厨师、公安、服务员、书记、男的女的老的少的——都说着父亲的话,说得那么流利顺畅,说得那么不假思索、那么理直气壮,好像天下再大也只有这么一个理所当然、天经地义语言。

　　窗外人声不断,我起床漱洗。满嘴牙膏泡沫时,听到一个稚嫩的声音:"埃及,我海子掉了!"

　　"海子",是鞋子,我从小听熟了。"埃及",父亲当年也这样喊他的母亲吧?是哪两个字呢?"己"?"爱姐"?蜀人谓母曰"姐",楚蜀不远吧?

　　"有一次,我从学校里回来,跑了两三里的路,下着雪喽,进到屋里来,眼睛都花了。你奶奶给我一碗饭,我接过来,想放桌子上去,没有想到哗啦一声饭碗跌在地上,破了。"

　　"你奶奶以为我嫌只有米饭没有菜,把饭给甩了。她伤心地哭了,她把自己的饭省给我吃……"

　　父亲讲这个他不知讲了多少遍的故事,然后叹息:"我对不起你奶奶。"然后要沉默很久。

　　我们则各做各的事情;这个打破碗的故事不如司马光砸破水缸来得惊险,实在不怎么样。倒是在我满嘴牙膏泡沫倾听窗外的这一刻,突然想到:奇怪,这许多年来父女一场,怎么倒从来不曾问过父亲是否想家。

　　于是我让哥就着录音机坐下,"给爸妈说段话吧!"哥哥两眼望着自己的脚,困难地思索着。我在一旁呆坐,是啊,他该说什么呢?问父母这四十年究竟是怎么回事?问老天那一列火车为什么走得那么不留余地?

　　回到台湾的家,行囊尚未解开,就赶忙将录音带从口袋中掏出——我从不可预测的历史学得,有些东西必须贴身携带,譬如兵荒马乱中自己的孩子,譬如一张仅存的情人的照片,譬如一卷无可复制的带着乡音的录音带。

　　外面黑夜覆盖着田野,我们聚在温暖的灯下。

　　母亲捧着杯热茶,父亲盘腿坐在录音机前,没有人说话。

　　极慎重地,我按下键盘。

　　哥哥的声音起先犹像,一会儿之后速度开始加快。

　　父亲沉着脸,异常地严肃。我偷觑着——他会哭吗?父亲是个感情冲动的人。

　　母亲呢?为了四十年前在衡山火车站的一念之差,她一直在自责。

　　此刻,她在回想那一幕吗?

　　我用眼角余光窥看着两个老人,有点儿等待又有点儿害怕那眼泪夺眶而出的一刻。

"不对不对，"父亲突然伸手关了录音机，转脸问我，"你拿错带子了？"

"没有呀！"我觉得莫名其妙，那分明是哥哥的声音。

"一定拿错了，"父亲斩钉截铁地，而且显然觉得懊恼，"不然我怎么不懂？像俄国话嘛！"

我张口结舌地看着他，只是看着他。

他没有泪下，他没有大哭，他不曾崩溃，他他他——少小离家老大不回，四十年浪迹他乡，他已经听不懂自己儿子的乡音。

我看着父亲霜白的两鬓，觉得眼睛一阵热——唉呀，流泪的竟然是我。

与你共品

yu ni gong pin

　　这篇文章叙述了作者冲破重重困难，回大陆看失散了四十年的哥哥的事。文章以"乡音"贯穿全文，写了台湾父亲讲的"乡音"，故乡人讲的"乡音"，哥哥通过录音磁带讲给远在他乡的父母的"乡音"，深切地表达了台湾同胞对大陆亲人的无比怀念之情。同时也表现了台湾人民对台湾当局封闭政策的不满。

个性独悟

ge xing du wu

　　★"那声音、腔调，熟悉而亲切，像条睡暖的旧被，像厨房里带点儿油腻的老钟。"这句话运用了什么修辞方法？其表达作用是什么？

　　★文中写了这样一句话"少小离家老大不回"，使我们联想起一首诗，诗的内容是什么？请写出来。这首诗的作者是谁？诗的题目是什么？

我是世间的一粒尘埃

★ "他没有泪下,他没有大哭,他不曾崩溃",面对这样一位坚强的父亲,为什么"流泪的竟然是我"?

★ 文章的题目"乡音"的含义是什么?这"乡音"凝聚着一种怎样的思想感情?

快乐阅读

kuai le yue du

红 灯/··· 罗燕如

小港机场下完了客人,运气不错,又有人拦车。

我偷偷地端详了这位小姐,不美,但五官匀称;两排长睫毛像围着湖泽的小丛林;弧形分明的双唇,很有个性地紧抿着。她斜倚在后座,似乎很累很累。

我比平日更专心地开起车来。说也奇怪,忍不住从反射镜中多看她几眼,但我不能看得太勤,免得让她误会我心怀不轨。

车行一半,我在镜中,忽然看到她潸潸泪下,就像一枝带雨梨花,惹得我有说不出来的怜爱。

"探病吗?小姐。"本不应该向乘客多舌的。

"……"拭干了泪水,她轻轻地点头。

"病情如何?"该死! 问这干么?开几年车,最痛恨的就是一上车唧喳不停的乘客。今天自己中了什么邪?搭个什么讪?万一……

"弥留。"沉重地吐出这两个字,她像决堤的洪水,哭得凄凄切切,叫人好不心疼。

我见过弥留的病人,和死人只差一口气。她一定急着见这个亲人,慢一步

四

感动

说不定天人永隔。我该……

于是，加足马力，闯了一个红灯又一个红灯，甘冒被警察罚款的危险，我想帮她一点儿忙。

"嘎——"医院到了。急踩了刹车，油然而生的英雄感，使我无限骄傲。好啦：现在就等着她谢意的眼光……

谁知，"啪——"一记清脆的耳光响自我的左颊。她原本姣好的脸孔，一阵青一阵绿地扭曲成一团，从牙缝中恨恨地挤出："都是你们这些没道德的司机，专抢红灯，否则我先生也不会被撞得奄奄一息，躺在医院里！"她像丢垃圾一样扔下两百块在我脸上……

与你共品

yu ni gong pin

  微型小说的主题往往在出人意料的结局中显露出来，给读者一个"顿悟"：啊，原来是这样。为了使结局的"陡转"更有力度，作者构思时常用"反导法"，用大部分篇幅渲染与结局相悖的情节。然而难就难在"反导"不能胡编乱造，不能为"反导"而反导，要顺乎自然，而结局虽在意料之外，却又在情理之中。这大概就是微型小说魅力之所在。

个性独悟

ge xing du wu

  ★文章在即将写出故事结局之前，本可一笔带过，交代"车到目的地"就行了，可是作者不惜花费微型小说可贵的篇幅，写了一段(倒数第二段)"司机"的心理描写。请说说这样写的作用是什么？

  ★文末"她像丢垃圾一样扔了两百块钱在我脸上……"一句中的省略号用得很精彩，留下了让读者思考的余味。请按提示接着写下你的思索(答案可以多种，但要符合文章的特定情况和主题)：

小姐在扔钱的同时,说道:_____

钞票打在我脸上,我顿时清醒了:_____

快乐阅读
kuai le yue du

感　动/···邓　皓

　　那年我 13 岁。母亲带我去上海探亲。第一次出远门,又是第一次坐火车,对一切都感到新鲜好奇。母亲睡中铺,我睡下铺。火车行至深夜,卧铺车厢的灯熄了,旅客已大都沉沉入睡。只有火车行驶时发出有节奏的"哐当"、"哐当"的声响,像是催眠曲一般。我却因为兴奋久久不能入眠。这时候,一个穿着蓝色制服的巡视员走到我的床边,我赶忙装出睡熟的样子。只见他打着手电,悄悄地清理着我床边过道上和茶几上的果皮、纸盒之类的东西,然后把我随便脱下的鞋和衣物一一整理好,小心地帮我盖好被子,并轻轻地把我伸在外面的手放进被子里。做完这一切,他便静静地站在我的床边,像一位半夜起来为儿子查铺的慈父,怜爱地望着我。这时候,让我至今也无法忘记的一幕发生了:这位 40多岁、素昧平生的列车员,缓缓地俯下身,在我光洁的额头上,轻轻地吻了一下。也许这位常年在外的列车员看到我,想到了他可爱的儿子。也许他怀揣着的便是一颗给凡人以关怀的爱心。当时,我的泪便忍不住流下来,一颗心浸染在芬芳四溢的爱的温馨里。乃至就是那轻轻的一吻,在我的生命中却被铭记了整整十六年。那个人也一直是我默默用心怀念和感激的人。

　　后来我便知道了,这种内心深处的情愫便叫感动。而让我惊讶的是:回首

四

感动

我们走过的丰富的人生，让我们深深感动的往往是那么一件件毫不起眼的甚至无法与人言说的小事。不是么，一个人被另一个人感动了，一定是被他的人格和生命中某些优秀的品质震慑了。所以感动是一个人默默接受的来自于他人美好情感的一种馈赠——这种馈赠不是刻意的。刻意带不来感动。

也有人曾问我，都什么事让你感动呢？我说不敢说。因为那些让我感动的事说出来也许你一点儿也不会感动。不可思议是吗？

有一次下班之前突然接到朋友的一个电话，通知我参加另一个朋友的生日烛光舞会。因为我所在单位离那朋友有很远，来不及回家邀妻子一道同往，于是匆匆地打电话告诉妻子。待我从朋友家回来，已是临近深夜一点，打开家门的那一瞬，我惊呆了：妻子孑然地坐在沙发上，眼睛呆呆地盯着电视屏幕。而未及关机的电视屏幕上早已没了图像，白茫茫一片。我马上意识到：妻子这样呆呆地坐着已经很久了。三小时？四小时？或者更久？我问妻子个中原因。妻子不言语，只是一个劲地流泪。后来，让我逼得急了，才说："你平时去参加舞会，都带上我的。这次却把我给丢下了。我就疑心我有什么让你不满意了。你对我不满意了，我觉得活着都没有了一点儿意思。"我一听，惊讶不已：我一句随便的话，居然让妻子饿着肚子为我担忧了几个小时，那一刻，我知道我是一个有福的人。我也知道了再优秀的女人也需要男人的爱为心灵取暖！平时，妻为我举案齐眉我不曾觉得，而那一次我却真正地为女人情感上的真挚和细腻感动了！

在我们家乡，有一种大头鱼，鱼头里面的肉味道特别鲜美。我们全家都特别爱吃，只有妈妈不吃。有一次我外婆到我家来，正好吃那种鱼。外婆夹一块鱼头肉给妈妈，打趣地跟我说："你妈在你这么大的时候，最爱吃的便是鱼头肉了，有时还跟你舅舅争着吃呢！"我又一次惊讶不已：妈妈不是说自己不吃鱼头肉么？事后我问妈妈："为什么明明喜欢吃鱼头肉，却偏说不喜欢？"妈妈淡淡一笑，跟我说："我也没见过你外婆吃鱼头肉呀，可是，你外婆却告诉过我，她小时候最爱吃的也是鱼头肉呢。"当时，我不知道我听懂了妈妈的话没有，但我真是好生感动一回。过了些年，我姐姐带着外甥上我家，我挑了一条很肥的大头鱼——我可是知道姐姐最喜欢吃鱼头肉了。吃饭的时候，我给姐姐敬上一大块鱼头肉，没想外甥在一边喊开了："舅舅，妈妈不吃鱼头肉呀！"我心里猛地咯噔了一下，觉得眼前的姐姐一下子陌生和高大了。我心照不宣地避开姐姐的眼光，背过身去。"妈妈不吃鱼头肉"，就那么一句话，让我这个七尺男儿的眼泪都快要感动得溢出来。我读过许多的歌颂母亲、弘扬母爱的文章，但要说认识母亲，没有哪一篇让我有从"母亲不吃鱼头肉"这一平常朴素的事实中领悟得更为深刻的了。

我念大二的时候,有一次同学们给我庆贺生日。几乎是全班同学都给我送了生日礼物,而且一个比一个贵重,一个比一个别出心裁。但我并不觉得怎么为其中一个感动。后来,当我和同学们乐享一个良宵之后回寝室时,我大吃一惊:我的房间被清理得干干净净,床上的被子和床单整理得平平整整,换下的衣物也被一一清洗过了。同寝室的人告诉我,你们班某某女同学来过了。我这才想起,就她没有参加我的生日晚会。第二天,我找到她时,她却十二分歉疚地说:"你知道我们家在农村,我没有足够的钱为你送生日礼物,为你做一点点小事,也算是让你生日那天多一份高兴的心情吧!"是的,我终于知道,我接受的那么多的生日礼物没有哪一件能比得上那个女孩给我的珍贵和让我感动。正因为如此,那个女孩也就成了我现在的妻。

还有一次,我在公共汽车站牌下等车。一起等车的人有好几个,其中一个女孩穿着很入时,且描着眉涂着口红,很妖艳的样子。我一见,心里就有种要回避的感觉。在我看来,那样的女孩实在与花瓶无异的。这时候,近乎戏剧性的一幕发生了:一起等车的一个老头突然栽倒在地,人事不醒了。等车的人像避开瘟疫似的都纷纷散开,好像怕被连累什么似的。而让我怎么也不敢相信的是:就是那位女孩,在众人惊诧的眼神中,冷静、沉着地走近老头身边,俯下身,用那涂着口红的嘴为老头做起人工呼吸来。这真是让我看到的最惊心动魄的一幕!后来的事我不得而知,但是,那位女孩却成了我记忆中至今无法走开的女孩。因为那女孩不仅做了一件让我感动的事,更重要的是她告诉了我一个朴素的道理:一个人的心你是无法轻易看透的。

……

我便是这样时时感铭于这么一些小事。也许是毫不经意地在我生命中发生了,却让我深远悠长地不敢忘记,那些让你感动和思索的一幕幕都在你情感的屏幕上扫描出一些独特的背景,但是它们绝不轰轰烈烈,甚至不会让你之外的任何一个人觉得有什么奇特的深刻。但你惟一清楚的是:它最是与你心灵的和谐及情感的真实有关。所以,在很多平淡的日子里,我都在乎真诚地去为一些平凡的人做一些平凡的事。只是,我不知道有没有人因为我真实地感动过。如果有,那实在是我给别人创造的一份财富。

与你共品
yu ni gong pin

　　回首我们走过的丰富人生，让我们深深感动的往往是那么一件件毫不起眼甚至无法与人言说的小事。不是吗，一个人被另一个人感动了，一定是被他的人格和生命中某些优秀的品质震慑了。所以感动是一个人默默地接受来自于他人美好情感的馈赠——这种馈赠不是刻意的，刻意带不来感动。本文作者所叙写的事件是那样地让人不经意，但又是那样地让人心动，这也许就是人们常说的平凡的感动吧!

个性独悟
ge xing du wu

　　★通过这件事使我悟出了怎样的人生哲理?
　　★在我人生的旅程中，经历了几次感动?
　　★以上所叙的事件中，可以看出令人感动的事件有什么特点?

快乐阅读
kuai le yue du

送　礼/ ···季羡林

　　我们中国究竟是礼仪之邦，所以每逢过年过节，或有什么红白喜事，大家就忙着送礼。既然说是"礼"，当然是向对方表示敬意的:譬如说，一个朋友从杭州回来，送给另外一个朋友一只火腿，二斤龙井;知己的还要亲自送了去，免得受礼者还要赏钱;你能说这不是表示亲热吗?又如一个朋友要结婚，但没有钱，于是大家凑个份子送了去，谁又能说这是坏事呢?

事情当然是好事情,而且想起来极合乎人情,一点儿也不复杂;然而实际上却复杂艰深到万分,几乎可以独立成一门学问:送礼学。第一,你先要知道送应节的东西。譬如你过年的时候,提了几瓶子汽水,一床凉席去送人,这不是故意开玩笑吗?还有五月节送月饼,八月节送粽子,最少也让人觉得你是外行。第二,你还要是一个好的心理学家,能观察出对方的心情和爱好来。对方倘若喜欢吸烟,你不妨提了几听三炮台恭恭敬敬送了去,一定可以得到青睐。对方要是喜欢杯中物,你还要知道他是维新派或保守派。前者当然要送法国的白兰地,后者本地产的白干或五加皮也就行了。倘若对方的思想"前进",你最好订一份《文汇报》送了去,一定不会被退回的。

但这还不够,买好了应时应节的东西,对方的爱好也揣摩成熟了,又来了怎样送的问题。除了很知己的以外,多半不是自己去送,这与面子有关系;于是就要派听差,而这个听差又必须是个好的外交家,机警、坚忍、善于说话,还要有一副厚脸皮;这样才能不辱使命。拿了东西去送礼,论理说该到处受欢迎,但实际上却不然。受礼者多半喜欢节外生枝。东西虽然极合心意,却偏不立刻收下。据说这也与面子有关系。听差把礼物送进去,要沉住气在外面等。一会儿,对方的听差出来了,把送去的礼物又提出来,说:"我们老爷太太谢谢某老爷太太,盛意我们领了,礼物不敢当。"倘若这听差真信了这话,提了东西就回家来,这一定糟,说不定就打破饭碗。但外交家的听差却绝不这样做。他仍然站着不走,请求对方的听差再把礼物提进去。这样往来斗争许久。对方或全收下,或只收下一半,只要与临来时老爷太太的密令不冲突,就可以安然接了赏钱回来了。

上面说的可以说是常态的送礼。可惜(或者也并不可惜)还有变态的。我小时候,我们街上住着一个穷人,大家都喊他"地方",有学问的人说,这就等于汉朝的亭长。每逢年节的早上,我们的大门刚一开,就会看到他笑嘻嘻地一手提了一只鸡,一手提了两瓶酒,跨进大门来,鸡咯咯地大吵嚷,酒瓶上的红签红得炫人眼睛。他嘴里却喊着:"给老爷太太送礼来了。"于是我婶母就立刻拿出几毛钱来交给老妈子送出去。这"地方"接了钱,并不像一般送礼的一样,还要努力斗争,却仍旧提了鸡和瓶子笑嘻嘻地走到另一家喊去了。这景象我一年至少见三次,后来也就不以为奇了。但有一年的某一个节日的清晨,却见这位"地方"愁容满面地跨进我们的大门,嘴里不喊"给老爷太太送礼来了",却拉了我们的老妈子交头接耳说了一大篇,后来终于放声大骂起来,老妈子进去告诉了我婶母,仍然是拿了几毛钱送出来。这"地方"道了声谢,出了大门,老远还听到

感
动

他的骂声。后来老妈子告诉我,他的鸡是自己养了预备下蛋的,每逢过年过节,就暂且委屈它了一下,被缚了双足倒提着陪他出来逛大街。玻璃瓶子里装的只是水,外面红签是向铺子里借用的。"地方"送礼,在我们那里谁都知道他的用意。所以从来没有收的。他跑过一天,衣袋塞满了钞票才回来,把瓶子里的水倒出来,把鸡放开。它在一整天"陪绑"之余,还忘不了替他下一个蛋。但今年"地方"倒运。向第一家送礼,就遇到一家才搬来的外省人。他们竟老实不客气地把礼物收下了。这怎能不让这"地方"愤愤呢?他并不是怕瓶子里的凉水给他泄漏真相,心痛的还是那只鸡。

另外一种送礼法也很新奇,虽然是"古已有之"的。我们常在笔记小说里看到,某一个督抚把金子装到坛子里当酱菜送给京里的某一位王公大人。这是古时候的事,但现在也还没有绝迹。我的一位亲戚在一个县衙门里做事,因为同县太爷是朋友,所以地位很重要。在晚上回屋睡觉的时候,常常在棉被下面发现一堆银元或别的值钱的东西。有时候不知道,把这堆银元抖到地上,哗啦一声,让他吃一惊。这都是送来的"礼"。

这样的"礼"当然不是每个人都有资格接受的。他一定是个什么官,最少也要是官的下属,能让人生,也能让人死,所以才有人送这许多金子银元来。官都讲究面子,虽然要钱,却不能干脆当面给他。于是就想出了这种种的妙法。我上面已经提到送礼是一门学问,送礼给官长更是这门学问里面最深奥的。须要经过长期的研究、简练揣摩,再加上实习,方能得到其中的奥秘,能把钱送到官长手中,又不伤官长的面子,能做到这一步,才算是得其门而入了。也有很少例外,官长开口向下面要一件东西,居然得不到。以前某一个小官藏有一颗古印,他的官长很喜欢,想拿走。他跪在地上叩头说:"除了我的太太和这块古印以外,我没有一件东西不能与大人共享的。"官长也只好一笑置之了。

普通人家送礼没有这样有声有色,但在平庸中有时候也有杰作。有一次我们家把一盒有特别标志的点心当礼物送出去。隔了一年,一个相熟的胖太太到我们家来拜访,又恭而敬之把这盒点心提给我们。嘴里还告诉我们:这都是小意思,但点心是新买的,可以尝尝。我们当时都忍不住想笑,好歹等这位胖太太走了,我们就动手去打开。盒盖一开,立刻有一股奇怪的臭味从里面透出来。再把纸揭开,点心的形状还是原来的,但上面满是小的飞蛾,一块也不能吃了,只好扔掉。在这一年内,这盒点心不知代表了多少人的盛意,被恭恭敬敬地提着或托着从一家到一家,上面的签和铺子的名字不知换过了多少次,终于又被恭而敬之提回我们家来。"解铃还需系铃人",我们还要把它丢掉。

我虽然不怎么赞成这样送礼，但我觉得这办法还算不坏。因为只要有一家出了钱买了盒点心就会在亲戚朋友中周转不息，一手收进来，再一手送出去，意思表示了，又不用花钱。不过这样还是麻烦，还不如仿效前清御膳房的办法，用木头刻成鸡鱼肉肘，放在托盘里，送来送去，你仍然不妨说："这鱼肉都是新鲜的。一点小意思，千万请赏脸。"反正都是"彼此彼此"，诸位心照不宣，绝对不会有人来用手敲一敲这木头鱼肉的。这样一来，目的达到了，礼物却不霉坏，岂不是一举两得？在我们这喜欢把最不重要的事情复杂化了的礼仪之邦，我这发明一定有许多人欢迎，我预备立刻去注册专利。

与你共品

yu ni gong pin

季羡林（1911~　　），当代著名学者、教授、散文家。主要从事古印度文学、佛教史和中印文化交流史的研究工作。有散文、随笔集《天竺心影》、《牛棚杂记》、《朗润集》、《赋得永久的悔》、《季羡林文集》等。本文创作于1947年。送礼的形式有些不存在了，有些仍继续着。送礼，是生活中常见的一种现象，是表达感情的一种方式，也是维系、促进感情的一种手段，这是礼尚往来的常态送礼；也有佯装送礼而实际索礼的，当属铁公鸡一毛不拔的变态送礼；也有送礼而"隐姓埋名"属交易或投资的，当属吃小亏占大便宜的贿礼；也有不花现钱的转礼，属二传手一手收进一手送出。送礼的态度，也是人生的态度。

本文的结构很有特色，上段与下段往往环环相扣，转折后呈递进形式，使整个文章层次清楚，脉络明晰。文章语言有市井特点，北京风味，像饶有兴味的故事一样；幽默风趣，于平和中透出几分犀利，于朴实中透出机敏。

个性独悟
ge xing du wu

★根据作者的意思你能给送礼下个定义吗？用简洁的语言概括"送礼学"的内容？

★送礼中的"有声有色"说明了什么？而"平庸中的走作"又说明了什么？

★细细揣摩全文，文章的结构可以说是精心设计独具匠心，请你说说作者是怎样结构全文的？

快乐阅读
kuai le yue du

插 田 /···叶 紫

失业，生病，将我第一次从嚣张的都市驱逐到那幽静的农村。我想，总该能安安闲闲地休养几日吧。

时候，是阴历四月的初旬——农忙的插田的节气。

我披着破大衣踱出我的房门来，田原上已经充满劳作的歌声了。通红的肿胀的太阳，映出那些弯腰的斜长的阴影，轻轻地移动着。碧绿的秧禾，在粗黑的农人们的手中微微地颤抖。一把一把地连根拔起来，用稻草将中端扎着，堆进那高大的秧箩，挑到田原中分散了。

我的心中，充满着一种轻松的，幽雅而娴静的欢愉，贪婪地听取他们悠扬的歌曲。我在他们的那乌黑的脸膛上，隐约地，可以看出一种不可言喻的，高兴的心情来。我想：

"是呀！小人望过年，大人望插田！……这原是他们一年巨大的期望的开头呢……"

我轻轻地走过去。在秧田里第一个看见和我点头招呼的，便是那雪白胡须的四公公,他今年已经 73 岁了,还肯那么高兴地跟着儿孙们扎草挑秧,这是多么伟大的农人的劳动啊!

"四公公,还能弯腰吗?"我半玩笑半关心地问他。

"怎么不能呀!'农夫不下力,饿死帝王君'呢。先生!"他骄傲地笑着,用一对小眼珠子在我的身上打望了一遍,"好些了?……"

"是的,好些了。不过腰还是有些……"

"那总会好的啰!"他又弯腰拔他的秧去了。

我站着看了一会儿,在他们那种高兴的,辛勤的劳动中,使我深深地感到自家年来生活的卑微和厌倦了。东浮西荡,什么东西都毫无长进的,而身体,又是那样的受到许多沉重的创伤;不能按照自家的心思做事。又不会立业安家,有时甚至连一个人的衣食都难于温饱,有什么东西能值得向他们夸耀呢?……而他们,一天到晚,田中,山上,微漪的、淡绿的湖水,疏云的、辽阔的天际! 唱自家爱唱的歌儿,谈自家开心的故事。忧?愁?……夜间的,醋甜的吃梦! ……

我开始羡慕他们起来。我觉得,我流年都市的漂流完全错了;我不应该在那样的骷髅群中去寻求生路的,我应该回到这恬静的农村中来。我应该同他们一样,用自家的辛勤劳力,争取自家的应得的生存;我应该不闻世事,我应该……

田中的秧已经慢慢地拔完了,我还更加着力地在想着我的心思。当他们个别抬头休息的时候,小康——四公公的那个精明的小孙子,向我偷偷地将舌头伸出着,顽皮地指了一下那散满了秧扎的田中,笑了:

"去吗?……高兴吗?……"

不知道是哪里来的兴趣,使我突然忘记了腰肢的痛楚,脱下了鞋袜和大衣,想同他们插起田来。我的白嫩的脚掌踏着那坚牢的田塍,感到针刺般的酸痛。然而,我却竭力地忍耐着,艰难地跟着他们下到了那水浑的田中。

四公公几乎笑出眼泪来了。他拿给我一把秧,教会我一个插田的脚步和姿势,就把我送到那最外边的一层,顺着他们里边的行列,倒退着,插起秧来。

"当心坐到水上呀! ……"

"不要同我们插'烟壶脑壳'呢! ……"

"好了! 好了,脚插到阴泥中拔不出来了! "

我忍住着他们的嘲笑,站稳了架子,细心地考察一遍他们的手法,似乎觉得自家所插的列子也还不差。这一下就觉得心中非常高兴了。插田,我的动作虽然慢,却还并不见得是怎样艰难的事情啊!

四公公越到我的前头来了——他已经比我快过了一个长行。他抬头站了一站,我便趁这个机会像夸张自家的能干般地和他攀谈起来。

"我插的行吗?四公公!"

"行!"四公公笑了一笑,但即刻又皱着眉头说:"读书人,干这些事情总不大合适呀! 对吗?……"

"不,四公公,我是想试试看呢,我看我能不能插秧!我想……唔,四公公,我想回到乡下来种田呀!"

"种田?……王先生,你别开玩笑呢!"

"真的呀! 还是种田的好些,……我想。"

四公公的脸上阴郁起来了,他呆呆地站在田中,用小眼珠子惊异地朝我侦察着我的话是否真实。我艰难地移近到他的身边,就开始说起我那高兴农人生活的理由来,我大声地骂了一通都市人们的罪恶,又说了许多读书人的卑鄙,下流……然后,正当欲颂赞他们生活的清高的时候,四公公突然地打断我的话头:

"得啦! 先生,你为什么竟说出这样的话来呢?……"他朝儿孙们打望了一下,摸着胡子,凄然地撒掉手中的残秧。"在我们,原没有办法的,明知种田是死路,但也只得种!有什么旁的生涯我们做得呢?'命中注定八合米,走尽天下不满升。'……而先生,你……读书人,高升的门路几多啊! 你还真的说这种话,……你以为,唉! 先生,这田中的收成都能归我们自家?……"

他咽住了一口气,用手揉揉那湿润的小眼睛,摇头没有再说下去了。他的胡子悲哀地随风飘动着, 有一粒晶莹的泪珠子顺着他那眼角的深深的皱纹爬将下来。

儿孙们都停了手中的工作,朝我们怔住了:

"怎么啦? 公公。"

"没有怎么!"他叹一声气。忽然,似乎觉到了今天原是头一次插田,应该忌讳不吉利的话似的,又朝我打望了一下,顺手揩掉那晶莹的泪珠子,勉强装成一副难堪的笑容,弯腰拾起着秧禾,将话头岔到旁的地方去:

"等等,先生,请你到我们家中吃早饭去……人,生在世上,总应该勤劳,……"

我没有再听出他底下说的是什么话来,痴呆地,羞惭地站在那里,看着他祖孙们手中的秧禾和那矫捷的插田的动作。……"死路"、"高升的门路"……我觉得有一道冰凉的电流,从水里通过我的脚干,而曲曲折折地传到我的全身!……

　　我的腰肢,开始痛得更加厉害了。

与你共品
yu ni gong pin

　　　　作者把整个社会的状况浓缩在一块秧田之中，把时间选择在耕耘的春天,但呈现在读者面前的是一个怎样的社会呢?生活在城市中的"我"面临的是失业和病痛,回到了农村,以为农村会是美好的世外桃源。结果真是如此吗?阅读此文后,留给读者的思考是:这是一个怎样的社会啊?

个性独悟
ge xing du wu

　　★什么原因使作者从喧嚣的都市走向幽静的农村?

　　★本文通过插禾这样一件小事，却反映了一个什么样的社会现实?

　　★农村人认为城市是梦中桃花源,城市人认为农村是世外桃源,你是怎样理解的?

快乐阅读
kuai le yue du

换 装/···李 江

姜总工程师难得见到他穿上了一套笔挺的咖啡色毛料西装。

今天可是个大喜的日子，他们钢铁公司花了一个多亿从外国引进的国际先进水平的轧机设备，经过两年多紧张施工，今天终于竣工投产了。部里、省里的众多头头脑脑们，今天都要赶来参加竣工投产仪式呢！

姜总穿着这套挺括的西装，在工地上溜达着，精神头儿格外振奋。两年里，没日没夜地泡在这施工工地现场，上班下班，都是那套皱皱巴巴硬得像牛皮似的土黄工作服，哪里有机会穿件像样的衣服——谁让他是这工程的总工程师呢！

姜总工程师一会儿登上轧机平台，一会儿钻进配电室，一会儿又攀到了天车上，心情和二十多年前在产房前等待儿子的第一声啼哭时一个样。

转悠了个把小时，他确实觉得一切都万无一失，这才活动活动酸酸的腰腿，从主厂房钻出来。

迎面碰上了公司的许副经理，姜总工程师一愣，平时，老是挺挺括括穿着他那套藏青色西服，系着深红色领带的老许，今天竟然换穿上了那平时从不见他上身的土黄色工作服！

姜总工程师和老许打过招呼，才发现，不远处的会场主席台前，还聚着公司的一帮头头们。这会儿，清一色每人都穿着那皱巴巴牛皮样硬的土黄色工作服。平时，可很少见他们穿。姜总工程师下意识地瞅瞅自己一身笔挺的毛料西装，感到浑身不自在起来……

我是世间的一粒尘埃

与你共品
yu ni gong pin

　　这篇微型小说的题目叫"换装"，"装"是文章的文眼。平时没日没夜地泡在施工工地现场的姜总工程师，上班下班都是一套皱巴巴硬得像牛皮似的土黄工作服，今天却换上一套咖啡色毛料西装。而平时很少穿工作服的公司的头头们，今天却齐刷刷地换上了工作服。这是为什么呢？原来，今天要开"竣工投产仪式"庆祝会。在这种交成果的庆功会上，该以何种面貌出现在众人面前呢？"英雄所见略同"，那就是换装。因为"成果人人有份，论功受之无愧"。

个性独悟
ge xing du wu

　　★主人公姜总平日总穿工作服，在今天工程竣工投产仪式大会台开之时，为什么要穿上笔挺的西装，而且在工地上溜达着，这一切说明了什么？
　　★姜总为什么对今天自己穿毛料西装感到浑身不自在起来？
　　★这在着装上的鲜明对比说明了什么？产生怎样的艺术效果？

作文链接
zuo wen lian jie

生命的藤叶 / ···王佳妮

　　一位身染肺炎的姑娘，在自暴自弃中静等死亡，望着窗外纷纷落下的藤叶，她坚信，当最后一片藤叶坠地之时，她就会死去。在痛苦的煎熬中，当她再次拉开窗帘,却发现树上那最后的藤叶在风雨中依然青翠,挺立,姑娘的心顿时豁然开朗。最后的藤叶始终没有落下,姑娘伴随这绿色的希望,病也渐渐好转。而她始终不知,那最后的藤叶是担心她的伙伴画的,真正的藤叶早已凋落。

当人的生命面临选择之际,哪怕是一片普通的藤叶,也足可以让一个即将逝去的灵魂起死回生。在我们生命的旅程中,也正是因为我们种下了生命的藤叶——那永不终止的希望。才使得无论我们的人生生机盎然或布满凄风苦雨,心中总会透出一个坚定的信念,一个对于人生的渴望。

"希望是不幸者的第二灵魂",人生的旅途,坎坷与荆棘铺满成功之路。当荣誉与成就已成往事,失败和挫折已成定局,我们所能拥有的只有一个美好的希望。而正是这永不熄灭的希望之火,却点燃了古往今来无数失败者奋斗的激情、成功的信念。使他们获得了奋斗下去的勇气。勾践牢记复国的希望,即使任人奴役,也时时不忘卧薪尝胆,因为他的臣民和他自己早已把复国的希望种在心里;司马迁饱受精神与肉体上双重的痛苦,之后所以没有放弃生命,是因为他心中的希望还没有实现,他想要写出一部空前绝后的历史巨著的希望,时刻告诫他要珍爱自己;袁隆平在杂交水稻试验中屡屡失败,而就是心中"想让十二亿中国人坐在自己的杂交稻下乘凉"的希望,这饱含了几代中国农民渴望丰衣足食的希望,让这个年近古稀的老者依然不知疲倦地研究奋斗。

拥有希望的人,便抓住了他生命的绿色,发现了自我生命的价值。希望不是幻想,不是生命的全部,然而,希望却支撑着我们的灵魂,引导我们走上成功之路。在憔悴的躯体上,希望这片藤叶带给我们生机,在失败的灵魂中,希望是那起死回生的良药。"深山必有径,绝处总逢生。"生命不息,希望常在。让我们在自我的生命之树上种下生命的藤叶,让自己的生命之树常青!

【简 评】
jian ping

人的生命的色彩和意义,与人接触的事物和对事物的领悟程度关系极大。作者从染病姑娘自暴自弃中静等死亡的故事中,告诉了我们"希望是不幸者的第二次灵魂"。在人生中应为自己树立"希望"。文章语言流畅、主题鲜明,有一定意义。

一张错置的贺卡 / ···张碧凌

新年到了。秦玢儿背着书包走进教室。一群女生凑在前排的位子上传阅着一张张卡，唧唧喳喳的喧嚣声老远就能听到。她却恍若未闻，慢慢地从她们身旁走过。一个女孩抬头看了看她，戏谑地一笑："玢儿，今天又收到几张？"

她无奈地苦笑了一下。

几乎每张桌子上都或多或少地摆着几张贺卡。只有她的桌面上，空荡荡的。

她并不觉得失望。从一开始，她就对这习以为常了。

走到座位旁，玢儿机械地卸下书包，塞进课桌。忽然，手触到一个硬硬的东西。她微微一怔。抽出来一看，是一个洁白的信封。

她的心不由自主地猛跳起来，手指微微颤抖着，好不容易才拆开了信封——

触目所及的，竟是一张贺卡。

那是一张没有上款的贺卡。

不算精致的图案，几句简单的祝词，最后是个潇洒的签名——那是班长的名字。

周围仿佛一下子亮了起来，冬日的阳光也变得格外温暖。她悄悄抬起头，透过一层朦胧的泪雾向教室前面望去——班长正站在讲台旁和几个同学高谈阔论着什么。仿佛无意间，他的目光从她脸上飞快地拂过，那双明亮的眼睛闪闪发光。

新年很快过去了。女孩们早已不再谈论贺卡，秦玢儿不知不觉地成了她们的话题：

"她最近是怎么啦?她像换了个人似的！"

"我第一次看见她主动举手回答问题。"

"看她走路的姿势，比以前精神多了。"

"今天数学测验她居然得了90多分，真是不可思议！"

半年后的中考中，该校大爆冷门：学习一向中等的秦玢儿考了580多分，被一所重点高中录取了。

光阴似箭。转眼间，三年过去了。

三年后,当秦汾儿揣着名牌大学的录取通知书出现在校友会时,她又见到了昔日的班长。

她慢慢走向他,只轻轻说了一句:"谢谢你送我的那张贺卡。"

"贺卡?"他一怔,"什么贺卡?"

"你……忘了?那是初三新年的时候,你放在我课桌里的那张,上面写着……"

"噢,"他恍然大悟似的打了个响指,"那是我送给王璎璎的呀!……对了,那天班里换位子……"

她愣住了。

这天夜里,她缓缓地从书桌的玻璃下抽出那张珍藏已久的贺卡,喃喃道:"谁知道,在那段无奈的日子里,这张错置的贺卡,曾给一个自卑的女孩,带来多少安慰与鼓励……"

【简 评】
jian ping

一个好的题目,便是作文成功的一半。本文构思颇有新意。通过描写一张错置的贺卡,把一个自卑的女孩解脱出来的过程。人的一生会遇到很多的困难,关键看你如何对待。全文自然流畅,韵味无穷。

心弦上不逝的风景 / ··· 高 俊

又是一个柳絮飘飞的季节,到处飞扬着柳絮。我望着想着,思绪竟也像这轻盈的柳絮,随风飞飘。

去县中就读的那一年,父亲外出,母亲脱不了身,叫弟弟送我。

那天,风很大,小弟弟挑着两筐沉沉的行李,在沟沟洼洼里晃荡,瘦小的身子像根离地的芨芨草,颤颤地颠簸在荒野里。

我默默无语地跟在后面,静静地听风里绿竹扁担的吱呀声。血色的夕阳,

我
是
世
间
的
一
粒
尘
埃

染红了草尖树梢,染红了隐隐的村居,小弟的脸映得像红山茶一样。

"姐,前面就是状元溪,八爷说,叫声状元溪,明年准能考中。"小弟一脸灿然,凌乱的发鬓下面是一双渴盼的眼睛。

他放下扁担,理了理乱发说:"姐姐,我帮你叫,我声大。"他像山里娃赶集似的掩不住喜色。

田野间,小弟立在河堤上,夕阳柔柔地裹了浑身,像芦苇中的丹顶鹤。他瘦小的双手捂成海螺状,微微地耸起身子,深吸着干涩涩的凉风。一个洪大的声音远远地掠过冷风,在麦子草坡间穿巡。

冷风正凶,落日的余晖染红了归巢的林鸟,染红了小弟伫立的身影,染红了那声如岸边号子的长音:"姐,你能中,准能中,中——"

"姐,你听,有回声了,你听,你听。"小弟回眸间的一脸悦色,使我的眼眶盈盈地湿热起来。

远处的回音,嗡嗡的,一片模糊,我却听得明晰,听出了厚厚实实的分量。

"姐,你准能中!"小弟扑闪着黑亮的眼睛,定定地凝视了我一阵,默默地又挑起了筐赶路。

远处的雾渐渐地朦胧起来,浑圆的夕阳收起最后一抹霞光,暮色淡淡地袭来。凝视着小弟挑着硕大的箩筐颠簸着,瘦小的身影隐入暮色,我泪流满面……

扑面的柳絮把我从回忆中唤醒,在将近中考的日子里我要精精细细地跋涉这每一个朝暮。不管我未来的日子里是否感应到小弟呼出的灵气,是否有风有雨,小弟给我的一生的感动,永远是心弦上那道不逝的风景。

【简 评】
jian ping

文章有点儿像朱自清的《背影》。农村孩子求学的艰辛和他们对成功的渴望,是很多城里学生难以体验和想像的。作者抓住了生活中一个特定情景下的一个极其普通的情节,用优美的文字满含深情地写出了这篇动人的文章。相信无论你是否有过她这样的经历,都会被那深沉而略带苦涩的真情所感动的。

法治·正义·生命

社会卷

活在珍贵的人间

不能流泪就微笑

我有一个梦想

我有一个梦想，
那一天世界不再动荡，
没有战争、贫困和饥荒，
幸福的生活充满阳光，
和平的鲜花到处开放。

我有一个梦想，
那一天人类不再忧伤，
没有恐惧、歧视和眼泪，
欢乐的歌声响彻四方，
自由的鸟儿展翅飞翔。

我有一个梦想，
那一天大地不再凄凉，
没有破坏、掠夺和污染，
秀美的山川环抱家园，
清澈的江河一片蔚蓝。

我有一个梦想，
那一天将化为美好的希望，
让我们携起手来，
迎接这一天的来临，
用我们的爱实现梦想。

快乐阅读
kuai le yue du

法律无私 / ··· 周昌义

　　法律是公正无私的吗?

　　这是个令人困惑的问题。毫无疑问,法律不是为富人制定的,也不是为穷人制定的。法律是所有公民的法律,在法律面前,所有公民都是平等的。

　　但是,在我的记忆中,所有谈论这个问题的人都表示否定,起码我不记得曾经有谁干脆果断地点头说:是的,法律是公正的!

　　这些人是我的朋友、同学、同事,或者是在公共场合相识的人。他们多半都不是地痞流氓走私犯,通常都是遵纪守法的良民,他们的行为对法律是尊敬的,起码是畏惧的,但他们的言论对法律却是不敬的。

　　这使我困惑:也许法律真是有私的?

　　有位朋友的公司往广东发去了3000吨水泥,一年过去了,一分钱也没收回。朋友带两个保镖前往讨债8个月,回来时伤痕累累。我说应该寻求法律帮助。他说,别说法律,连上帝的帮助也寻求了。

　　我替他难受,也替法律难受。但突然想起让他失望的其实并非法律,而是法院,那个受理他们诉讼的法院。再仔细探究,发现我们这些人没有一个是研究法律的,我们所说的法律其实不是一个严格的概念;把具体的执法者比如法院说成法律,是我们的共同习惯。我们说法律有私,实际上是在说法院。

　　或许,法律是无私的,法院是有私的?

　　这仍然是个可怕的结论。

　　幸好再一细想,我们中间很少有人去过法院,无论作为被告还是原告,我们所说法院有私的根据大多不是自己的亲身体验,而是间接的传说。问题在于人民不爱传说正常,而只传说非常。法院公正是应该的正常的,是"狗咬人",不具新闻性，也就不值得传说。法院势利是"人咬狗"，才值得传说。

我始终相信公正是存在的，起码在一般情况下存在。假如不幸遇上权力干预或金钱左右或威胁要挟，我也能够理解法院和法官的难处。我猜想只要有十分之一的不公，就足以造成法律不公的印象。

但我更知道，贫穷的百姓，因为金钱的缘故，因为文化的缘故，很少走进法院。偶然走进，也多是被告而非原告。为一个说法而一往无前的秋菊，为申冤而百折不挠的杨三姐，实在是绝唱。在我插队当知青的时候，别说看公安看法官，就是看文化馆长的脸也是森严的。

是不是可以这样说，越是贫穷，看着法院大门就越是森严，与法律就越是隔膜，对法院和法律的认识就更多地依靠传说？

要消除这种传说，还需要包括法院在内的一切执法机构主持更多的公道，这真是任重道远！

与你共品
yu ni gong pin

题目是《法律无私》，作者偏从怀疑法律有私写起，以做水泥生意的朋友的遭遇为例，似乎已经无话可说了，接着，文章突然峰回路转，怀疑法律变成了怀疑法院，"法院有私"，又从事实成了传闻，看来未必如此，在这一思索过程中，作者求真求实的探索精神，人民法治意识的提高以及对司法公正的希求，都跃然纸上，这样纯理论性的问题，议论起来，难免枯燥乏味，作者一波三折的写法使文章津津有味。

人们对法律无私的体味，既有主体的认识，也包括对司法公正的企求；既要从理论上去宣传，也须从实践上去让人们感知。作者告诉我们，要提高人们法治意识，真是任重道远。

个性独悟
ge xing du wu

　　★第四段中"他们的行为对法律是尊敬的,起码是畏惧的"一句中"尊敬"和"畏惧"二词不能互换的理由是什么?

　　★第十二段中"在我插队当知青的时候,别说看公安看法官,就是看文化馆长的脸也是森严的",造成这种现象的原因是什么?请简述理由。

快乐阅读
kuai le yue du

自由与克制/ · · · [英] 罗·斯金

　　明智的法律和理性的克制对一个高尚的民族来说,不是束缚的锁链,而是强韧的护身锁子甲,虽然披挂上它不免有些累赘。人们须得记住的是,一个人欲想受到尊重,其克制的必要恰如人人均须劳动一样。每一天,我们都可以听到许多人侈谈自由,仿佛自由是什么无比荣耀之物;其实,从广义的现状来说,自由并非荣及至尊,它不过只是低等动物的一种属性。一个人即使再伟大,再有多能耐,也不可能像鱼那样自由。他总是有所为而同时又有所不为,鱼则可以自由来去为所欲为。世界上所有的国家总合一体,也大不及海洋的一半;而世界上所有的铁路、车辆,无论是已有的还是将要发明的,都不会有鱼鳍那么自如灵便。稍假思考你就会发现,人所受尊重之处是他的克制,而不是自由。进一步即使以低等动物而论,所受尊重的也是它们的克制。蝴蝶远比蜜蜂自由,但是蜜蜂更受人尊重,因为它受制于适合蜜蜂群体秩序的一定规律。环顾世界,在自由与克制这两种抽象事物中,克制通常更为人尊重。当然,像对待其他事物一样,你绝不可能从抽象概念中得出最后结论,因为就这两者而言,若作高尚选择,均能悦己利人;但若作卑鄙选择,则会败坏社会。我要重申的是,在这两者中,唯有克制能代表高等动物的特征,并使低级动物得以进化。而且,上自执行上帝使命的天使,下至营营劳作的昆虫;从相互维护平衡的行星,到为地心所吸的一粒尘埃,所有生灵,所有物质的力量与荣光,全都体现于服从而非自由。相对于随风飘下的落叶,太阳亦无自由可言。由物质构成的人同样如此,人身自由到来之日,便是其灭亡腐朽之时。

与你共品
yu ni gong pin

> 　　罗·斯金(1819~1900),英国著名散文家、诗人,在历史学、艺术理论方面也卓有贡献,主要作品有《艺术的政治经济学》、《野橄榄花冠》、《艺术讲演集》等。
>
> 　　追求自由、崇尚自由本是人的天性,但绝对的自由是不可取的,作者从这一角度论证了克制的重要性,并指出只有克制才能代表高等动物的特征。意在告诫人们在现实生活中要适当克制自己,不能过分追求自由。另外,作者运用对比写法对表达中心起到了突出作用。

个性独悟
ge xing du wu

> ★相对于随风飘下的落叶,太阳为何无自由可言?
> ★人若获得了纯粹的自由会怎样?(用原文回答)

快乐阅读
kuai le yue du

脸与法治 / ··· 林语堂

　　中国人的脸,不但可以洗,可以刮,并且可以丢,可以赏,可以争,可以留,有时好像争脸是人生的第一要义,甚至倾家荡产而为之,也不为过。在好的方面讲,这就是中国人之平等主义,无论何人总须替对方留一点儿脸面,莫为己甚。这虽然有几分知道天道还好,带点聪明的用意,是一种和平忠厚的精神。在不好的方面,就是脸太不平等,或有或无,有脸者固然快乐荣耀,可以超脱法律,特蒙优待。而无脸者则未免要处处感觉政府之威信与法律之尊严。所以据我们观察,中国若要真正平等法治,不如大家丢脸。脸一丢,法治自会实现,中国自会富强。譬如坐汽车,按照市章,常人只许开到三十五里的速度,部长贵人便须开到五六十里,才算有脸。万一轧死人,巡警走上来,贵人腰包掏出一张名片,优游而去,这时的脸便更涨大。倘若巡警不识好歹,硬不放走,贵人开口一骂"不识你的老子",喝叫车夫开行,于是脸更涨大。若有真傻的巡警,动手把车夫扣留,贵人愤愤回去,电话一打给警察局长,半小时内车夫即刻放回,巡警即刻免职,局长亲来诣府道歉,这时贵人的脸,真大得不可形容了。

　　不过我有时觉得与有脸的人同车同舟同飞机,颇有危险,不如与无脸的人同车同舟方便。比如前年就有丘八的脸太大,不听船中买办吩咐,一定要享在满载硫磺之厢房抽烟之荣耀。买办怕丘八问他识得不识得"你的老子",便就屈服,将脸赏给丘八,结果,这只长江轮船便付之一炬。丘八固然保全其脸面,却不能保全其焦烂之尸身。又如某年上海市长坐飞机,也是脸面太大,硬要载运磅量过重之行李。机师"碍"于市长之"脸面",也赏给他。由是飞机开行,不大肯平稳而上。市长又要给送行的人看看他的大脸,叫飞机在空中旋转几周,再行进京。不幸飞机一歪一斜,一颠一簸,碰着船桅而跌下。听说市长结果保全一副脸,却失去了一条腿。我想凡我国以为脸面足为乘飞机行李过重的同胞,都应该断腿失足而认为上天特别赏脸的侥幸。

其实与有脸的贵人同国,也一样如与他们同车同舟的危险,时觉有倾覆或沉没之虞。我国人得脸的方法很多。在不许吐痰之车上吐痰,在"勿走草地"之草地走走,用海军军舰运鸦片,被禁烟局长请大烟,都有相当的荣耀。但是这种到底不是有益社会的东西,简直可以不要脸。我国平民本来就没有什么脸可讲,还是请贵人自动丢丢吧,以促法治之实现,而跻国家于太平。

与你共品
yu ni gong pin

　　林语堂先生在这篇文章里,嘲讽、抨击了旧中国一些人为了虚荣,为了炫耀自己的特权,为了"脸面",置法治于不顾的现象。现今社会,我们正在大力加强法制建设,但仍不乏蔑视法律和特权人物。

个性独悟
ge xing du wu

　　★文中谈到"这只长江轮船便付之一炬",造成这样严重后果的原因是什么?(用文中原话回答)

　　★文中举了"贵人与巡警"的事例。你对这件事有什么看法?

　　★文章在结尾段列举了很多生活实例,"在不许吐痰之车上吐痰,在'勿走草地'之草地走走……",其实在我们身边也有很多类似现象,请列出一两种做简要的评价。

　　★文章结尾谈"我国平民本就没有什么脸可讲,还是请贵人自动丢丢吧,以促法治之实现,而跻国家于太平。"十多年后,会有很多同学在工作中担任很高的职位,你能怎么做呢?

法治·正义·生命

兽·人·鬼 / · · · 闻一多

剑子手们这次杰作我们不忍再描述了,其残酷的程度,我们无以名之,只好名之曰兽行,或超兽行。但既已认清了是兽行,似乎也就不必再用人类的道理和它费口舌了。甚至用人类的义愤和它生气,也是多余的。反正我们要记得,人兽是不两立的,而我们也深信,最后胜利必属于人!

胜利的道路自然是曲折的,不过有时也实在曲折得可笑。下面的寓言正代表着目前一部分人所走的道路。

村子附近发现了虎,孩子们凭着一股锐气和虎搏斗了一场,结果遭牺牲了,于是成人们之间便发生了这样一串分歧的议论:

——立即发动全村人手去打虎。

——在打虎的方法没有布置周密时,劝孩子们暂勿离村以免受害。

——已经劝阻过了,他们不听,死了活该。

——咱们自己赶紧别提打虎了,免得鼓励了孩子们去冒险。

——虎在深山中,你不惹它,它怎样会惹你?

——是呀!虎本无罪,祸是喊打虎的人闯的。

——虎是越打越凶的,谁愿意打谁打好了,反正我是不去的。

议论发展下去是没完的,而且有的离奇到不可想象。当然这里只限于人——善良的人的议论。至于那为虎作伥的鬼的想法,就不必去揣测了。但愿世上真没有鬼,然而我真担心,人既是这样的善良,万一有鬼,是多么容易受愚弄啊!

注:这是一篇演讲词。写于1945年12月国民党反动派在昆明制造的震惊全国的"一二·一"血案之后。演讲开头的第一句"剑子手们这次杰作"就是指"一二·一"惨案。

我是世间的一粒尘埃

与你共品
yu ni gong pin

　　这是闻一多先生的一篇演讲词。文章通过对人、兽、鬼三种形象的分析，表达了演讲者爱憎分明的立场。这篇演讲词态度明确，借寓意来阐明道理，作者的主张已明确表明，而对于作品则引人深思，发人深省。

个性独悟
ge xing du wu

　　★村子附近发现了虎，孩子们是怎样做的？结果怎样？你认为孩子们做得对、做得值吗？

　　★本文中的"鬼"用来比喻什么？

　　★本文最后一句"但愿世上真没有鬼，然而我真担心，人既是这样的善良，万一有鬼，是多么容易受愚弄啊"，使我们想起了《二六七号牢房》的作者，捷克反法西斯战士伏契克在《绞刑架下的报告》中警醒世人的哪句名言？

快乐阅读
kuai le yue du

警察不是万能的/···余 杰

我曾经写过一篇题为《我是警察我怕谁》的文字,对某些警察的无法无天、丧失人性、草菅人命,进行了尖锐的批评。近几个月来,连续发生的警察杀人、抢劫、强奸乃至与黑社会沆瀣一气的事件,却又让我的批评显得软弱和过时了。

2000年8月23日,昆明某派出所警察房建云为替妻子解气,在闹市掏枪向无辜市民射击,当场一死四伤,至今尚有两名伤者生命垂危,未脱离危险状态。这是继河北霸州、河南禹州警察当街杀人后,又一起震惊全国的恶性事故。事件发生以后,当记者采访派出所的有关领导和房建云的同事的时候,他们居然表示,房建云平时一贯表现良好,他的所作所为只是一时冲动。然而,房建云的妻子在与市场摊贩发生争执时,甩给对方的一句话是:"你活不过明天了!"要是房建云平时是一名好警察,他的妻子会这样狂妄和嚣张吗?可见,房建云平时就仗着一身警服为非作歹,称霸一方,是个人人不敢惹的角色。果然,对方仅仅是因为几句口角就死于非命。

在无权无势的老百姓心目中,许多警察比强盗还要可怕。海南乐东司法局副局长洪清贵,公然掏出手枪,强迫果农李关念和麦亚省将自家生产的一车腰果送到他指定的地方。之后,洪清贵将腰果卖掉,钱进了自己的腰包。这样光天化日之下的抢劫,比之强盗更让善良的农民心惊胆战。强盗抢劫的时候还会惊慌失措,得手后立刻匆匆逃逸;而局长大人的抢劫,却从从容容,号称"依法行事",让百姓欲告无门。"警匪一家",在某些地方并不是夸张的说法。被称为"98打黑第一案"的长春梁旭东案件,当事人身兼两种身份:公开的身份是派出所的一名普通民警,背后的身份则是黑社会犯罪集团的老大。白天梁旭东穿着警服到办公室上班,晚上则带着马仔横行于各大娱乐场所,包赌包娼,收取巨额保护费。警察成了黑社会的成员,让受到凌辱的民众哭都不敢哭出声来。黑白两道,在梁旭东这里会成了一道。

警察的腐败,根源在于警察权力的不受制约和不受监督。警察是国家权力最直接的代表,在制度不健全的情况下,警察是"万能"的。我曾经到公安部直属的重点院校——中国人民公安大学作讲座,课堂上坐着几百个未来的警官,他们跟我一样年轻,眼睛里闪烁着天真的光芒。谈论起公检法系统的腐败,他们跟我一样愤怒。对于未来吏治的澄清和治安的好转,他们却又充满了乐观的信心。于是,我禁不住追问他们:"将来你们成了警官,你们会参与腐败吗?你们会公正执法吗?你们会尊重每个普通公民的权利吗?"或者用一条底线来衡量:"你们会保证不打人、不骂人吗?"大学生们沉默了。我知道,这一切不完全取决于个人的品格,而更取决于制度的建设和完善。如果我们不大力推动国家的民主化进程,给予警察在国家权力机器中恰如其分的地位,那么这些单纯而善良的大学生们,一旦进入实际生活之中,很可能就会蜕化变质。

在英美法系的国家里,警察在社会生活中呈现的是完全不同的面貌。一位曾经访问英国的学者告诉我,他刚刚安顿下来,他的英国房东太太就对我说:"有困难,找警察。"如果你不知道时间,不认路,甚至牙疼,都可以向警察求助。英国人把警察看做他们的朋友和帮助者,警察承担的是雷锋在我们国家所承担的使命。英国警察在执行任务的时候一般不携带武器。普通的民众不会害怕警察,相反,他们对警察有着强烈的亲和力。即使在警察受到攻击的时候,绝大多数公民也都会站在警察一边;在警察本人和他们的家人遇到麻烦时,人们也都不会袖手旁观。

在权力机构中,警察独立于政府,而受法院的约束。因为作为多数党的政府只代表略多于百分之五十的人口,而警察必须保护所有的人,当然包括那些在投票时不投执政党票的公民。按照瑞士法学家托斯·弗莱纳的论述,在以英美为代表的现代民主国家里,警察的权力是相当有限的,"警察并没有什么特别绝对的权力。在执行其任务时,他们只能把拘留作为一项最后的措施,以此来保护其他人或他们自己免遭侵犯。这是对法律的一种不同的理解,它不把公共机构看成是强加和实现各种特殊的意识形态和利益的权威。按照这种理解,国家是互相冲突的社会力量和利益的调停者。它必须防止暴力并作为各方的调停者而确保通过民主对话且不使用暴力来解决冲突"。用一句最通俗的话来说,就是:警察不是万能的,警察只是国家公务员中的一类。他们的存在不是增加暴力,而是减少暴力;他们的存在不是让民众感到恐惧,而是让民众感到安全。

我们的民主与法治建设,自然会触动包括警察在内的某些特权阶层的利益,因而阻力重重。但是,如果延缓了民主与法治建设的步伐,受伤害的将是更多的公民。在一个健康的社会里,警察理所当然地是普通公民的一部分,与普通公民一样履行义务并享有权利。所以,我们应当牢牢记住弗莱纳的忠告:"让警察对所有侵犯人权的行为负责,而不探究真正的原因,这是一个人经常容易犯的毛病。人权也适用于警察!"

与你共品
yu ni gong pin

　　本文选自系列丛书《老鼠爱大米》,作者余杰,当代较有影响的青年学者、作家。本文以尖锐犀利的语言,毫不留情地揭露了当今社会在警察队伍中所存在的不正之风乃至无法无天的违法违纪现象。从而提出了一个亟待解决的问题,那就是必须加快民主和法制建设的过程,严厉制裁执法队伍中的腐败现象,把那些侵蚀国家健康肌体的蛀虫彻底清除干净。这样,才能保证我们的国家社会的稳定。

个性独悟
ge xing du wu

　　★如何理解"黑白两道,在梁旭东这里会成一道"一句话的含义,结合文中的叙述谈一谈。

　　★当作者向大学生们提出了一系列的反问时,大学生们为什么沉默了?原因是什么?

　　★读罢引文,你有什么感想,联系身边的社会现实,谈一谈你的认识。

我是世间的一粒尘埃

名人批判！/···周 洪

说"我也是普通读者"的人，多半是审稿的。说"我也是普通观众"的人，多半是审片的。说"我也是普通消费者"的人，多半是特殊消费者或者不是消费者。说"我也当过学生"的人一定在教育学生。说"我也吃过苦"的人，一定在享福。

说"其实我也是群众"的人多半不是群众而是领导。说"其实我也是普通一兵"的人多半不是兵而是官。说"其实我也很平凡"的人多半都以为自己很不平凡。说"其实我也是人"的人多半都以为、且已不是人而是神，起码是半人半神。

这是一个公式。

我常常想站在台上说"其实我也是普通老百姓。"终于没敢，一怕传为笑话，二怕造成误会。

富翁爱说钱没意思。领导爱说权没意思。从香港美食城出来的人常说山珍海味不过如此。被鲜花掌声包围着的人爱说当名人真累。

这也是公式。藐视等于炫耀，炫耀已经拥有的。

更当紧的是，藐视不等于放弃。如果因为人说钱没意思就叫人捐献，如果因为人说权力没意思就叫人放权，我们就要犯极大的错误。

球星爱球迷，但只是掏钱买门票的球迷。歌星爱歌迷，但只是掏钱买音带像带的歌迷。影星爱影迷，但只是坚持进电影院的影迷。上级爱下级，但只是听话的下级。

名人的谦虚多半是虚伪的。

也不得不虚伪。假如富翁当我们穷人面说钱真好；假如领导当群众面说权力真好；假如明星当观众面说当名人好舒服好舒服哟，我们会不会起鸡皮疙瘩？

职业的虚伪非关人品，也就不叫虚伪，如同外交官的客套不叫虚伪而叫礼仪。

名人没有真诚的自由。

有同事在电梯里看见了很大的名人，双手本能地在裤兜里擦，准备干干净净地伸出去握手。但名人没有虚伪地谦虚，而是真诚地骄傲。他伟岸的身躯直立，昂首向上望着电梯顶棚，看不见这矮小的路人擦拭干净的手。倒是保镖看见,迅速地伸出手来,但不是要握手,而是要防止这神秘的人从裤兜里掏出凶器来。

这一次邂逅,扫荡了他对那很大的名人的全部敬仰。

假如那名人谦虚地向他点头,亲切地同他握手,会成为他永久的甜蜜。

然而,设身处地替名人着想,也难。他要不望着顶棚,而是平易近人和蔼可亲,见人就得点头,头也会点晕了;他要伸手就握,手也太脏了;不停地洗手,会不会皮肤过敏?

所以,渴望清静也是真话。

当然,真要清静了,又会渴望打搅。

这只是小小的艰难,钱多了怕绑架,权多了怕颠覆,名气大了怕嫉妒,这才是更大的艰难。所以,同情他们的文章多了,理解他们的呼声也高了。"胜也爱你,败也爱你",就成了时尚。

于是,我们就忘了,钱多了怕贬值的艰难比起一分钱掰成两半养家糊口的艰难,其实算不上艰难。胜了的球星进歌厅,败了的球星因为照样有人爱会照样进歌厅,其实是不值得我们去爱的。

与你共品
yu ni gong pin

本文不同于一般议论文的结构框架,充满睿智、幽默和讽刺,兴趣盎然。作者出语平静却令人忍俊不禁,思想锋芒不露却入木三分,不卖弄技巧却让人把玩不已。

文章结构严谨,逐层深入,揭示一些名人虚伪的表现,分析其根源及治疗的方法。作者尽量将议论藏于描写的表达方式之中,将仅有的议论自然贴切、画龙点睛地放在充分的描写之后。避免了议论文结构的过分"严肃"而代之以散文结构的浑圆,放松而自然,更具可读性。

我是世间的一粒尘埃

★对"名人没有真诚的自由"的原因正确的理解是什么？

★文章最后一句要表达的意思是什么？

★文章中两次出现了"这是一个公式"、"这也是公式"，其中包含着怎样的深刻含义？请简述。

关怀人，珍惜生命 / ···叶 楠

今春,有些城市的政府,颁布或重申了类似的有关交通法规,其核心是:步行或驾驶非机动车的人,由于乱穿马路等违章行为,与机动车相撞,引发了交通事故,即便有伤亡,也应负事故的全部责任。这些法规付诸实施后,确有不少(以上海为例:4月始实施一个月以来,即有700余起)违章被车撞死撞伤者不获赔偿。而深圳竟有一位7岁男童陈洋(违章)被车撞死,其父母被判向肇事方赔偿。于是引起媒体对与此有关的法律、道德问题的讨论,出现了大号黑体字的激愤言词:"通行权可以碰撞生命权吗?""警惕恶法之治!""撞了白撞!"

讨论中,不少人把法规与生命绝对对立起来,对生命的被碾杀,看做犹如清除路障,看做犹如铲除稗草("撞了白撞"论者),这令人感到发指,令人感到不寒而栗。

制定法律自然是有根据的,我只想问:如果在道路上的违章者,是儿童,是反应不够灵敏的老人、病人、残疾人,是那些不常进城不识标志的农民,是遭遇不幸、心事沉重、极度悲伤、甚至于是企图自杀的神情恍惚的人(即便包括故意的违章者)……我们能任飞速的车轮去碾撞这些鲜活的生命吗?

我现在举一桩我目睹的有关机动车和行人矛盾的一个实例,也许能做讨论以上问题的一种参照。

一对老年夫妇,由于反应迟慢,(违章)误闯红灯,陷入湍急的机动车的河流中。作为目击者,我立即想到即将发生的不祥后果,我差一点儿惊叫了起来。但是,随后发生的事情,与我的经验迥异,令我惊诧:整个街道上双向行驶的机动车辆,像是接受了统一刹车的号令,转眼之间,车流凝冻了。那对老夫妇,怀着歉意,不安的慌张地想往后退,以弥补自己的过失……但是街两头停泊的第一辆车辆上的司机,将手伸出车窗外,招手示意,让两老人不要慌张,不要退回去,要放心地继续前进。这场面简直可称之为庄严!相向的两列看不到尽头的车队,静静地(连人说话声都没有)泊在街道中,像是机械化兵团在接受检阅。直到两位老人相互搀扶着颤颤巍巍地横越过马路,车辆才逐一动起来,车辆的河流解冻了,恢复原来的湍急。这是我在西欧一个沿海城市里目睹的一幕。

其实,这不是我在西欧看到的惟一的一次,也不是西欧独有的现象,我在东欧的城市里,也多次看到过同样的情景,几乎是完全一样的。看起来,这与社会制度无关。

我还在匈牙利诗人裴多菲故乡田野(我们称之为裴多菲平原)的公路上,看到难得看到的奇特的景象。那是在冬季的夜晚行车,我们的车在带有蓝色调的夜色中穿行,天上一弯新月,空气极为清新,田野上飘来积雪的清凉气味,令人心旷神怡。车辆极少,我们有一种独自占据了裴多菲平原的感觉。公路两侧,时常有标志牌向后飞去,车灯打上去像是着火了一样的那种,特别明亮清晰。我忽然在不经意间,发现有种标志牌上面是奔鹿图案(与有指示岔路、弯路、坡路的图案标志牌一样,警示驾车人),一块,两块……向后飞去。经询问知道,这是提醒驾车人:"这里常有鹿(违章)穿越马路,希望你务必规避,以免发生事故。"

以上两例,如果发生在我们的土地上,将是什么结果呢?

那两位老人,误闯红灯,隐入某个城市的街道里,老人会被卷进车流漩涡的中心,所有汽车会在老人身前身后鸣笛夺路而行,司机还会骂声不绝:"你……活够了!""想死呀……"会吓得老人死去活来。当然,这已是老人得到的最客气的对待和最好结局了。如果碰到一位主张"撞了白撞"的驾车人,岂不是性命难保吗?

假设有一块平原,比如在北方,像古时一样,有鹿群游荡,穿过平原的公路上,会有奔鹿图案的标志牌吗?我怀疑。即便有,它可能确有警示作用,但也有发布信息的作用,将给偷猎者、嗜血狂、饕餮者发出进攻的信号,于是,这条公路会成为血迹斑斑的猎鹿围场(想想保卫和偷猎藏羚羊,已成为可可西里持久的流血战争,你就会相信我的估计)。

情形就是如此,差异是极为明显的。

为了社会安定、发展,必须有法律、法规规范人们的行为,维持社会正常秩序,使各方面关系和谐,这是绝对的不言而喻的。但是仅仅有法律,是不行的,仅仅有法律,我们的社会生活,是否折线多了些,少了点儿圆润的曲线?仅仅有法律,我们的社会生活的色调,是不是偏冷了些,缺乏暖意?从欧洲的实际情形看,他们除了法制以外,指导人们行止的还有他们信奉的理念。这理念显然是欧洲文艺复兴时代,在欧洲牢固建立起来的人文主义。他们对人、对生命的尊重、关怀是那么自然,好像是与生俱来的品格(我看到过一篇曾客居过德国的作者写的名叫《德国人的性格》的文章。他误以为了避让闯红灯的行人停车等候,是德国人独有的,他把这种行为纳入德国人性格之内)。

想想看,如果让欧洲人讨论我们现在讨论的问题,他们会说什么?我想多半会说:"还需要讨论吗?怎样对待生命是毋庸讨论的。"或者说:"我们在14世纪到16世纪(欧洲文艺复兴时代),已经讨论过了。"

我认为,尊重人,关怀人,重视人,珍惜生命,是人类共同应该奉行的理念,它确比视人如草芥的观念(这才是黑暗的奴隶社会和封建社会的产物)对人类、对社会有益得多,这是和地球在不停息地转动一样的明明白白的道理。

如果我们都能尊重人、关怀人、重视人、珍惜生命,我们的马路上,就不会或少出现死亡。也不会出现霸州某派出所副所长拔枪击毙(他认为)挡了他的官驾的小民的事件。这一事件,是典型的极端蔑视人和生命的一例,是人性泯灭的一例。像这种事件,对社会才真是具有极大的危险性!

与你共品
yu ni gong pin

　　本文以制定与遵守交通法规为切入点,将中西方文化进行了比较,虽没有批评的味道,但作者在赞同什么、反对什么在不言之中了。作者的视点并未只仅仅停留在这一交通法规上,而是从更深层的文化角度来向社会发出"尊重人、关怀人、重视人、珍惜生命"这一呼喊。

个性独悟
ge xing du wu

★请将文中引用的三桩发生在公路上的事用语言概括。

★作者把西欧目睹的一桩有关机动车和行人矛盾的实例的场面用"庄严"来形容，你怎么理解这个词语？

★文中画线的"折线"与"曲线"分别意味着什么？

★人与车相比，人是弱者，我们是否可说这同样是弱肉强食的体现？

★这条交通法规的规定自然是有根据的，他根据的是什么？

作文链接
zuo wen lian jie

论命运 / ··· 施培昆

"命运"一词，其实包含了极丰富的内容，在不同地区，不同时代，不同历史背景下对"命运"有不同解释。文明古国如中国、巴比伦、希腊等无不在其学术思想和宗教上表现出其对"命运"的好奇。

执掌着人类的命运者，可归纳为二，一是在人，一是在天。这两种说法始于春秋战国时期，百家争鸣的其中两个派别，一为儒家，一为墨家。虽然二者出现时间相近，在中国的学术思想上同样重要，然而所发展出的却是两套完全相违背的理论。

儒家有所谓的"命"，现实生活中无论生死、贫富、祸福、是非等皆非人力所能作主，此皆受之于"命"。故《论语》中有云："生死有命，富贵在天。"由此说明了人的祸福皆有其主宰，然而这并不是要人归于怠惰，而是要"尽命之正道而处"，顺其天命而行。

墨子对"命运"的看法跟儒家相反,针对现实状况而提出"非命",墨子说:"王公大人能强力从事,则刑政必治;农夫妇人能强力从事,则人人必得温饱。"这便说明了贫富、饥饱、寒暖皆决定于人们努力的成果,故墨子的"非命",其实说明了人的命运是由自己主宰,就算有着一些客观的因素如天灾等,可能会影响到人,人仍有能操控命运的能力,这就是"人定胜天"。

在宗教信仰方面,在中国发展了多年的佛教以及来自西方的基督教对"命运"亦有不同的见解。佛教所说的命运,是一种因果关系,种其善因,便可得到善果,故佛家在这方面是表现出命运是由人自取、执掌的道理。反之基督教则认为万事万物皆为天主主宰,冥冥中自有上帝来安排,故信徒在困难、沮丧时会祈求天主指引。

命运之说因历史背景及时代之需要而产生。这亦表现出两种截然不同的处世态度,认为命运由人自己执掌者是积极处世的,认为命运在天者则是消极避世的。其消极避世的思想实源自对未来的盼望,对命运的期待,人们在逆境中会自自然然地将错误归咎于天,同时又要向天作出期望,希望明天会更好。

因此李白说:"天生我材必有用。"其实是失意时的自勉之词,命运在天之说实乃失败者逃避现实的借口。

命运实握于自己手里,试问成功者有谁没有努力过而只会听天由命的?秦王嬴政的扫灭六国,发明家爱迪生的各项发明都不是坐着待着便会因天道循环而成功的。守株待兔的故事不正告诉我们,只有努力才能成功吗?努力是因,成功是果,故我们的命运确是掌握在我们自己手上。

现今社会发展一日千里,"命运在天"的避世思想已不适用,故综合墨家和佛家之说,成功靠打拼,人们要掌握自己的命运,不应怨天尤人,自身甚至是整个社会才会有发展的机会。在这物竞天择,适者生存的时代,消极避世者会给淘汰,日美等国所以强大,盖茨所以富有,甚或诺贝尔奖的得主,哪位是将自己的前途,命运交托于上天的? 只有自身的努力,才是成功的钥匙。

【简评】

读香港同学写的文章,具有一种特别的风味,感觉到和大家的思维完全不同,正因如此,才需要更多的交流。《论命运》一文是好作品呀!我自己也在想命运的定义,如今看到了此作,人生要拼搏,命运是要掌握在我们自己手中的道理!

感悟生命／···邱 露

生命像一根透明的丝线,一端系着昨天的眼泪和欢笑,时光的指针牵扯着另一端,又迎来了明天的失败和成功。丝线的一端是昨天,另一端是明天,站在两端之间,我们才知道:因为生命,我们才会拥有"今天",因为"今天",我们的生命才得以延续。

岁月的车轮载着我走过了 14 个春秋,生命的字典把"今天"译为"昨天",又把"明天"译为"今天"。

走在大街上,偶尔遇到妈妈的同事,他们惊奇地说:"哎哟,邱露,长这么高了,超过你妈妈半头了!"我这才下意识地和妈妈一比,真的哟!

回家对着镜子瞧瞧,那张带着稚气的脸上似乎多了几分成熟的痕迹。

不知从何时起,我和爸妈的意见竟有了分歧,不再像小绵羊似的服从父母,常为一件小事让爸妈生气,虽然如此,我却越来越感觉到爸妈无私的爱。

不知从何时起,我对老师有了更深刻的理解。从老师那浅浅的笑容中,读出了关怀;从老师夹在青丝间的白发上,读出了艰辛。我不再在作业中故意写两个错字考查老师的眼力,我常常被老师的谆谆教诲所感动,因为我知道老师很辛苦。

不知从何时起,我对烧烤的感情渐渐淡了,吸引我的是书架上的文学名著,是服装店模特身上华丽而昂贵的时装。虽然买不起,总想看一看,试一试。得了什么大奖,我只是淡淡一笑,不再像孩提时得"红花孩子"那样活蹦乱跳。

不再被《啄木鸟》迷得如醉如痴,常被《雾都夜话》感动得热泪盈眶。

不再摇着脑袋唱《小螺号》,却沉醉于《二泉映月》中,与阿炳共同体味那份凄凉和悲哀。

生命像光的射线在延续,我对延续的生命充满向往,对神奇的生命充满自信。

让生命的射线延伸到浩瀚的苍穹,在人们的心中留下一道永恒的记忆。

【简 评】

　　作者从生命的延续,即自己的成长切入,从外到内,由浅入深地解读生命,烙上自己成长的印痕,也映射出青少年成长的特点。文章真实、具体、感情表达得细致而又深刻,有一定的意义。